本书为2017年福州市社科规划重点项目“社区居家养老服务精准化供给研究”
（项目号：2017FZB10）研究成果。

新时代
养老服务体系建设研究

Research on the Construction of Elderly Care Service System in the New Era

王碧英 ◎ 著

厦门大学出版社 国家一级出版社
XIAMEN UNIVERSITY PRESS 全国百佳图书出版单位

图书在版编目(CIP)数据

新时代养老服务体系建设研究/王碧英著.—厦门:厦门大学出版社,2022.6
ISBN 978-7-5615-8600-6

Ⅰ.①新…　Ⅱ.①王…　Ⅲ.①养老—社会服务—研究—中国　Ⅳ.①D669.6

中国版本图书馆 CIP 数据核字(2022)第 081435 号

出 版 人 郑文礼
责任编辑 潘　瑛
特约编辑 李瑞晶
封面设计 张雨秋
技术编辑 朱　楷

出版发行 厦门大学出版社
社　　址 厦门市软件园二期望海路 39 号
邮政编码 361008
总　　机 0592-2181111　0592-2181406(传真)
营销中心 0592-2184458　0592-2181365
网　　址 http://www.xmupress.com
邮　　箱 xmup@xmupress.com
印　　刷 厦门兴立通印刷设计有限公司

开本 720 mm×1 020 mm　1/16
印张 17.25
字数 224 千字
版次 2022 年 6 月第 1 版
印次 2022 年 6 月第 1 次印刷
定价 69.00 元

厦门大学出版社
微信二维码

厦门大学出版社
微博二维码

前 言

随着经济的发展和社会科技的进步,20世纪中叶以后,人类预期寿命显著增长,而人口生育水平却在不断下降,人口年龄结构开始发生前所未有的历史性变化,世界各国相继迈入老龄化社会。我国自1999年末迈入人口老龄化社会,相较于其他国家,我国人口老龄化具有发展速度快、老年人口规模大、地区发展不平衡、老龄化超过经济发展水平等特点,建立健全养老服务体系是积极应对人口老龄化的必然要求。进入新世纪以来,特别是党的十八大以来,我国养老服务体系建设取得快速发展。党的十九大以来中国特色社会主义进入新时代,对养老服务体系提出新要求和新标准。党的十九届四中全会和党的十九届五中全会都提出了要构建"居家社区机构相协调、医养康养相结合的养老服务体系"。《中华人民共和国国民经济和社会发展第十四个五年规划和2035年远景目标纲要》进一步明确指出要"推动养老事业和养老产业协同发展,健全基本养老服务体系,大力发展普惠型养老服务,支持家庭承担养老功能,构建居家社区机构相协调、医养康养相结合的养老服务体系"。然而当前养老服务体系还存在城乡间、区域间、人群间发展不平衡,服务供给与需求失衡,服务资源配置不佳,服务质量和服务效能有待提高等问题。老年人日益增长的美好生活需要与养老服务体系发展不平衡不充分的矛盾,成为影响老年人获得感、幸福感、安全感的重要因素。

基于上述现实背景及研究进展，本书以“新时代养老服务体系建设研究”为题，基于需求层次理论、积极老龄化理论、福利多元主义理论以及公共治理理论，通过理论研究与经验总结相结合、定性分析以及文献研究等方法，从养老服务的基本概念与基础理论着手，在系统性探讨养老服务需求和养老服务体系建设发展历程、发展现状、建设成效、面临的挑战、存在的问题、国际经验与启示的基础上，提出优化养老服务体系建设的一些思考与见解。

全书共设置七章：第一章阐述养老服务体系的研究背景、研究意义、研究方法、研究思路、研究述评、相关理论基础和养老服务的内涵外延；第二章探讨养老服务需求总量分析和养老服务需求结构分析；第三章分析养老服务体系的发展历程、养老服务体系建设的重要意义、养老服务体系建设面临的挑战、养老服务体系建设的现状以及取得的成效；第四章分析我国养老服务体系建设存在的问题；第五章解析瑞典、美国、日本、德国的养老服务体系建设经验和国际养老服务体系建设经验对中国的启示；第六章探究扩大社会化养老服务供给、补长农村养老服务建设短板、加快完善互助养老服务模式、大力推动医养康养相结合服务体系、多渠道解决养老服务资金问题、加强养老服务体系人才队伍建设、建设全龄型宜居环境、完善养老服务体系协同机制等养老服务体系的优化路径；第七章为本人主持和撰写的福州市社科重点项目——福州市社区居家养老服务精准化供给研究(2017FZB10)的调研报告。

全书秉承较为新颖的理念，内容丰富详尽，结构逻辑清晰，从养老服务的基本概念与基础理论着手，系统性地对养老服务需求和养老服务体系建设的发展现状、面临挑战、存在问题、国际经验与启示、优化路径等进行探讨。本书注重理论与实践的紧密结合，对我国养老服务体系的建设发展具有一定的参考价值。

本书的撰写得到了许多专家学者的帮助和指导,在此表示诚挚的谢意。由于笔者水平有限,加之时间仓促,书中所涉及的内容难免有疏漏与不够严谨之处,希望各位读者多提宝贵意见,以待进一步修改,使之更加完善。

王碧英

2022 年 4 月

目 录

第一章　导　论

第一节　研究背景与研究意义

一、研究背景

人口老龄化是21世纪全球人口发展面临的共同问题，也是制约和影响未来社会经济发展的重要人口因素。目前，中国人口老龄化速度快，老年人口规模庞大。中国已经进入并且将长期处于老龄化社会之中（王玮，2019）。第七次全国人口普查公报（第五号）显示，2020年我国60岁及以上人口占总人口的18.70%，65岁及以上人口占比为13.50%；与2010年相比，60岁及以上人口增加了5.44%，65岁及以上人口增加了4.63%。“十四五”期间，我国将从轻度老龄化社会迈入中度老龄化社会。随着第二次生育高峰出生的“60后”群体步入退休年龄，老龄化速度将明显加快，到2030年老年人占比将达到25%左右[①]。伴随着老龄化及老年人口的增多，其中失能老人、空巢老人、失独老人的数量也将随之增加，这对我国养老服务体系提出了新的挑战。

总体来看，中国的人口老龄化具有老龄化发展速度快、老年人口数量大、地区发展不平衡、老龄化超过经济发展水平等特点。党和政府为应对老龄化积极发展社会化养老服务，养老服务体系已初步构建。十九大以来中国特色社会主义进入新时代，对养老服务体系提出新要求、新目标和新标准。党的十九届四中全会和十九届五中全会都强调要构建"居家社区机构相协调、医养康养相结合的养老服务体系"。为完善养老服务体系，《中华人民共和国国民经济和社会发展第十四个五年规划和2035年远景目标纲要》进一步明确指出要"推动养老事业和养老产业协同发展，健全基本养老服务体系，大力发展普惠型养老服务，支持家庭承担养老功能，构建居家社区机构相协调、医养康养相结合的养老服务体系"。在大力发展居家养老、社区养老和机构养老的同时，如何改进养老服务体系以提升养老服务质量，成为需要深入研究的重要课题。

二、研究意义

当前我国养老服务体系正处于建设和完善时期，居家养老、社区养老和机构养老互相补充的供给模式初步形成，但依然无法满足我国老年人的多元化需求。在全面建成小康社会、努力完成"十四五"规划关

---

① 陈功.我国人口发展呈现新特点与新趋势：第七次全国人口普查公报解读[EB/OL].(2021-05-13)[2020-01-15].http://finance.people.com.cn/n1/2021/0513/c1004-32101889.html,2021-05-13.

于养老服务体系建设的既定目标的背景下，对如何改进养老服务体系进行深入探讨，具有三方面重要的研究意义：

第一，全面贯彻习近平总书记关于积极应对人口老龄化的重要思想。本研究以习近平新时代中国特色社会主义思想为指导，深入贯彻党的十九大和十九届二中、三中、四中、五中、六中全会精神，以积极老龄观、健康老龄化为理念，根据中国国情、人民需求、经济社会发展阶段和社会主义现代化进程，对构建新时代养老服务体系展开研究，是全面贯彻习近平总书记关于积极应对人口老龄化的重要思想的体现。

第二，有利于深入把握现阶段养老服务体系建设目标的内涵。居家、社区、机构相协调意味着不再过度强调某一种形式，而是系统地看待三者之间的协调关系。家庭、社区和养老机构是老年人生活养老的居住地，同时也是相互联系、互为支撑补充的有机整体。结合居家、社区、机构的养老服务资源供给状况，重新定位家庭、社区、机构各环节的核心任务，打破服务界限，构建居家、社区和机构相协调、一体化的服务体系，为不同年龄阶段不同健康状况的老年人提供精准化、关联性、整体性的养老服务。医养康养相结合则体现了健康中国战略和养老服务业的融合发展理念。

第三，具有一定的现实意义。为健全"老有所养、老有所医、老有所为、老有所学、老有所乐"的养老服务体系，《国家积极应对人口老龄化中长期规划》提出提升"居家社区养老品质""强化机构养老服务能力""促进农村养老服务提质升级""推进医养有机结合"等具体目标。《中华人民共和国国民经济和社会发展第十四个五年规划和2035年远景目标纲要》进一步明确提出"推动养老事业和养老产业协同发展，健全基本养老服务体系，大力发展普惠型养老服务，支持家庭承担养老功能，构建居家社区机构相协调、医养康养相结合的养老服务体系"等一系列的举措和目标。在此阶段研究我国养老服务体系建设的具体问题，借鉴国外立法经验，基于我国国情提出有积极建设性的政策意见，无疑对推动我国完成“十四五”规划目标和《国家积极应对人口老龄化中长期规划》中的目标具有重要的现实意义。

第二节　研究方法和研究思路

一、研究方法

第一，定性分析。依据统计数据对我国人口结构、养老服务需求进行描述，定性总结当前我国老龄化的主要特征、发展趋势和养老服务需求特征。对养老服务的实践模式进行分类整理，定性分析我国养老服务体系建设已取得的成效和面临的挑战。

第二，理论研究与经验总结相结合。本研究运用积极老龄化理论、健康老龄化理论、需求层次理论、福利多元主义理论、公共治理理论等理论，从多学科角度分析我国现行的养老服务体系的问题与不足；总结发达国家先进的养老服务经验，分析瑞典、美国、日本、德国等国家在建设养老服务体系中的积极举措，为完善我国养老服务体系提供参考借鉴和对策建议。

第三，文献研究法。通过查阅国内外关于积极老龄化和社会养老服务体系的相关研究文献，撰写研究综述，为本书奠定了研究基础。同时参考中华人民共和国民政部、中华人民共和国国家卫生健康委员会、中华人民共和国国家统计局公布的相关年报、数据库，为本文描述研究提供基础数据。

二、研究思路

首先，交代本书的研究背景、研究意义、研究方法、理论基础，并针对国内外相关研究现状提出本书的研究问题，并对养老服务和养老服务体系相关概念做了界定。

其次，对我国养老服务需求总量与结构进行分析，探寻养老服务体系建设的发展进程与重要意义，同时对我国养老服务体系建设现状、面临的挑战、取得的成效和存在的问题进行详细解读。

最后，总结瑞典、美国、日本和德国等发达国家养老服务体系的经验，提出对我国的启示；并从社会化养老服务供给、农村养老服务建设、互助养老服务、医养康养相结合、养老服务资金筹措、人才队伍建设、宜居环境建设、协同机制建立等角度对完善我国养老服务体系提出有益的建议。

第三节 研究述评

一、关于养老服务体系内涵的研究

家庭养老是我国传统养老方式，我国社会养老起步较迟，20 世纪 90 年代后期我国学术界才开始探讨养老服务体系概念（孙碧竹，2019）。邬沧萍（1999）为应对人口老龄化，满足老年人养老需求，首先提出了建立和健全老年供养体系的问题，认为随着传统家庭养老功能日益弱化，应该探讨建设以“老年供养子系统”与“老年供养外系统”为支撑的老年供养体系。在此基础上，学者们对家庭养老和社会化养老服务的方式展开了理论探讨。在1999年“全国家庭养老与社会化养老服务研讨会”上，学者们认为养老保障主要包括两个方面：一方面是经济保障，以解决老年人的物质需求；另一方面是服务保障，以满足老年人生活照料、精神慰藉、医疗护理等方面的需求，并且认为我国家庭养老功能弱化是必然趋势，应当探索扩大社会化养老的服务范围。

刘晓梅(2012)认为我国社区养老、机构养老等社会化养老模式尚未形成，养老服务体系与社会养老需求之间存在较大差距，应加快我国养老服务的社会化、专业化进程，构建适合我国国情的社会养老服务体系。王桂云(2015)在分析我国社会养老服务体系建设现状、问题和国际经验的基础上，提出应当推动建立以政府、家庭、社区以及机构为主体的多元化社会养老服务体系。辜胜阻(2017)等人认为要明确政府、家庭、市场在养老服务体系中的职能定位，由政府兜底没有家庭依靠的老年人的基本养老服务，大力发展居家养老，发展智慧养老，通过政策激发市场活力，探索建立长期护理保险制度，完善农村年养老服务，推动构建各方责任共担、分工合理、优势互补、科学合理的养老服务体系。黄健元(2020)等人认为基于不同老年人的需求，我国养老服务体系应从医养结合向整合照护发展。

对养老服务体系的概念界定学术界尚未达成共识，但官方对其内涵的界定随着养老服务体系的发展不断调整而日益丰富。我国官方对养老服务体系的最早定义出自2006年国务院办公厅发布的《关于加快发展养老服务业的意见》，该文件中首次提出要“逐步建立和完善以居家养老为基础、社区服务为依托、机构养老为补充的养老服务体系”。

随后国家不断出台政策进行养老服务实践，并不断修订养老服务体系的定义。

2011年国务院发布的《中国老龄事业发展"十二五"规划》提出"建立以居家为基础、社区为依托、机构为支撑的养老服务体系"。同年《国务院办公厅关于印发〈社会养老服务体系建设规划(2011—2015年)〉的通知》仍沿用这样的表述。2015年《中共中央关于制定国民经济和社会发展第十三个五年规划的建议》(以下简称《"十三五"规划建议》)明确指出，要弘扬敬老、养老、助老的社会风尚，建设以居家养老服务为基础、社区养老服务为依托、机构养老服务为补充的多层次社会养老服务体系，积极推动医疗卫生服务和养老服务的有机结合，积极探索并建立老年长期护理保险制度。

2019年10月，党的十九届四中全会通过的《中共中央关于坚持和完善中国特色社会主义制度 推进国家治理体系和治理能力现代化若干重大问题的决定》明确提出"积极应对人口老龄化，加快建设居家社区机构相协调、医养康养相结合的养老服务体系"，首次提出养老服务体系应"医养康养相结合"。2020年10月党的十九届五中全会通过的《中共中央关于制定国民经济和社会发展第十四个五年规划和二〇三五年远景目标的建议》再次强调"构建居家社区机构相协调、医养康养相结合的养老服务体系"。2021年3月《中华人民共和国国民经济和社会发展第十四个五年规划和2035年远景目标纲要》仍然沿用了这一表述。

由此可见，党和国家为积极应对人口老龄化，满足老年人美好的养老需求，一直不断推进养老服务体系建设和丰富养老服务体系的内涵。当前阶段，居家和社区机构相协调、医养康养相结合是我国养老服务体系的建设目标和基本特征。在此阶段，研究探讨如何具体推进居家和社区机构相协调、医养康养相结合的养老服务体系建设尤为必要。

二、关于养老服务需求的研究

在养老方式选择和养老需求方面，蒲新微(2009)认为不同收入水平的老年人会选择不同的养老方式和生活方式：经济拮据的老年人需要国家养老、社会共济，其养老需求主要是满足较低层次的生存需要，而较富裕的老年人则更多地选择自我供养，其养老需求相应多样，更注重精神需求的满足，故应区别对待不同经济条件的老年人，根据其实际需求和意愿分层提供养老服务。在社区居家养老需求方面，杨雯雯(2010)对长春市社区的养老状况的调查发现，83.3%的老年人选择居家养老，养老院服务水平不佳以及较高端养老院的费用高是老年人没有选择养老院的两大原因。杨庆芳(2020)在前人的研究基础上发现，性别、年龄、婚姻状况、受教育程度、职业状况、健康状况、子女个数及孝顺程度、居住状况、家庭人口数、收入等因素是影响老年人居家养老服务需求的主要因素，居家养老服务的内容包括生活照料、家政服务、康复护理、精神慰藉、医疗健康、辅具配置、法律服务、紧急救援和医疗保健等。李伟(2012)对河南省六个地市的抽样调查发现，在农村养老服务需求层次中，经济保障是老年人最为迫切和基本的需求，生活照料需求其次，位居第三的是医疗卫生服务需求，最后是精神服务需求。刘畅(2012)对哈尔滨市两个社区老年人进行抽样调查，发现老年人较高层次的需求满足情况不佳，应从社会组织的数量和服务的质量上满足老年人群体的需求。在机构养老需求方面，宋宝安和杨铁光(2003)在东北三省对 2196 名老年人进行调查，发现 8.3%的老年人愿意入住养老机构，性别为女性、文化程度较高、经济状况较好的老年人更倾向于机构养老。蒋岳祥和斯雯(2006)在浙江省的 5 个市开展老年人养老需求调查，结果显示 9.69%的老年人愿意入住养老机构，经 logistic 回归分析发现学历和身体健康状况对老年人入住养老机构的需求有显著影响，学历高、身体健康状况好的老人更倾向于选择机构养老。姚兆余、王诗露(2012)对东部地区农村 749 位老人进行问卷调查，结果显示目前大部分农村老年人对机构养老的意愿较弱，自理能力较好、牢固的传统观念以及对家庭照料的依赖是农村老人不愿意参加机构养老的最主要原因；在诸多影响因素中，年龄、婚姻状况、文化程度、家庭结构和个人身体状况对农村老人的机构养老意愿具有显著影响。

三、关于养老服务机制的研究

养老服务机制是为了满足老年人多样化养老需求、保障养老服务的有效供给，确保社会养老服务体系有效运行而建立的强有力保障，相关研究主要从养老服务的发展理念、顶层制度设计以及监督管理等方面进行论述。

在发展理念方面，宋言奇(2011)指出，要完善养老服务体系就应当把老年人作为积极能动的主体，摒弃所有老年群体都是弱势群体的误区，通过“自养”和“他养”相结合，提升养老服务体系的发展活力。柳仕奇(2014)认为，为了完善我国的养老服务体系，应当同时发挥“看得见的手”和“看不见的手”的双重作用，在顶层设计过程中留出足够的空间，让市场在资源配置中发挥基础性作用，以提供多样化的养老服务。景思霞、陈菲(2013)介绍了健康管理理念在养老服务中的应用，并阐述了将健康管理的理念嵌入至家庭医生式养老服务模式中的可能性问题。

在顶层制度设计方面，汪沂(2013)认为我国的养老服务机构存在分类不清，管理欠规范、从业人员素质较低、风险分担机制不健全等问题，急需完善养老服务机构的相关法律规制。肖金明(2013)认为为应对人口老龄化，国家必须以老年人权益保障法为核心，制定完善相关配套的法律法规，并加强地方立法，构建中国特色的老年人权益保护法律法规体系。林宝(2017)指出了养老服务业中客观存在的较高的养老服务成本与老年人消费水平较低之间的矛盾，为避免陷入“低水平均衡陷阱”，需要政府完善政策支持，提高老年人收入水平，并做好供需双方的沟通协调。倪东生、张艳芳(2015)测算了中国养老服务的供求水平，研究表明中国养老服务的失衡水平从2009年开始加大，为此，政府应当建立一整套的政府购买养老服务预算机制和政策改革框架。陈为智(2014)指出，从供给机制方面来分析，市场竞争机制不健全，仍推行“自上而下”的行政机制为主的供给机制，服务主体职责不明，定位不清，故应以需求为导向供给服务，深化政府、市场、社会组织、社区和家庭等多个主体的权责定位。

在监督管理方面，胡光景(2012)总结了国内外政府购买居家养老服务的经验，认为对居家养老服务主体的监督不仅包括对养老服务机构等服务提供者的监督，也应包括对政府主管部门的监督。王婷(2012)等人认为，机构养老的低竞争性、信息不对称等特点容易造成市场失灵和社会公平的缺失。因而，政府必须对私营机构进行合理管制，为私人市场的健康运行制定法律规范。吕鹏飞、陈晓玲等人(2016)对我国医养结合模式的卫生监督过程进行了研究，认为目前监管的标准尚不完善，存在较多的医疗安全问题，且有多个部门监督职能重叠等问题。马晓黎和王济萍(2016)认为我国养老服务虽然已社会化，但监管体系还相对滞后，应把政府监管、行业自律和社会监督结合起来，建立起政府依法管理、行业规范自律、实体自主运营的管理体制。

由此可见，我国学者均关注我国养老服务体系的创新和改革研究，注重探讨如何通过制度完善与创新解决发展中的问题。

四、关于养老服务模式的研究

“养老服务模式”一词在学界研究和实践中使用频率颇高。养老服务模式是指养老服务来源及养老地点所具有的特征与存在形式。我们可以从不同维度对养老服务模式进行划分：从服务提供的场所这一维度进行划分，养老服务模式包括居家养老、机构养老、社区养老；从服务提供内容这一维度进行划分，养老服务模式包括传统的生活照料型服务模式和新兴的医养、康养结合型服务模式。

居家养老服务是最受我国老年人欢迎的养老服务模式。丁建定(2013)指出居家养老服务是为满足老年人养老需求，在尊重老年人意愿的基础上，以自立和居家为主、社区与机构为辅，以家庭为主、政府和社会为辅的养老服务方式。居家养老服务目标的实现，需要不断完善的政策支持体系和养老服务基础环境作为支撑。陈友华(2012)认为，居家养老服务是当家庭养老能力不够时由政府和社会给予的养老服务的必要补充。对于经济困难、失能半失能等弱势老人，国家应承担兜底养老责任；居家养老、机构养老和社区养老各有利弊，需合理配置资源，以应对养老问题。睢党臣、彭庆超(2016)认为“互联网＋居家养老”新型养老服务模式给居家养老服务带来诸多便捷性，有利于促进形成政府、社区、市场、家庭共同参与的居家养老服务。王霞、冯泽永等人(2015)研究了将医疗服务融入居家养老服务的必要性与可行性，并从筹资途径、人才队伍建设、监督管理等方面提出了相应建议。王霞(2021)等人针对目前养老服务供需失衡以及居家社区机构结构性失衡问题，提出由政府主导，促进基层卫生服务机构改革转型，扩充“医养+康养”综合服务，顺畅转介机制，并对家庭养老进行技术指导与服务递送，形成以基层卫生服务机构为主体、有效衔接家庭和机构的整合照料模式。

社区养老服务是以社区为平台为居家老年人提供养老服务的重要方式，在我国养老服务体系中发挥依托作用。王晓峰(2012)指出在照料老年人方面，社区也承担起了服务老年人的重要责任，在很大程度上补充了国家与家庭的不足。潘屹(2015)认为社区养老服务是养老服务体系的核心，养老服务输送应该以社区为平台，整合家庭、政府和社会资源，构建社区综合养老服务体系。景天魁(2015)认为社区养老服务整合了养老服务的主体、内容、方式，能够弥补家庭养老能力的不足，也有利于推动我国养老服务产业和养老服务市场的发展，具有巨大的潜力。张博(2019)认为“互联网+”的推广运用有利于解决当前社区养老服务发展中的难题，并提出“互联网+”社区养老服务模式的实现路径，以促进智慧社区养老服务发展。青连斌(2016)分析了社区养老的独特价值，并提出发展社区养老必须要在资金投入、人才队伍建设、服务设施建设以及管理运营机制等方面进行完善。

机构养老服务也是我国社会养老服务的重要方式之一。张友华(2012)指出居家养老与机构养老各有其优缺点，适用于不同对象。对于身体状况较差、失能或半失能的老年人而言，选择机构养老可能更为合适。我国的机构养老在精神赡养等方面存在局限性，魏文斌(2012)等人的研究认为，我国应建立机构、社区、家庭共同参与的养老服务平台，提高居家社区服务水平，发挥市场作用，培育多层次的养老服务机构。张文娟、魏蒙(2014)通过实地调查发现个人、家庭和社区的多重因素对失能与非失能老人的机构养老意愿影响不同。任洁(2016)考察了厦门市 28 家养老机构的规模和效率情况，发现养老机构的固定资产总值越大，机构养老服务效率越低，且发现非隶属于医院的养老机构效率较高。马丽丽、陈娜等人(2016)分析得出医养结合的养老机构存在医护人员不足、服务水平不高等自身素质问题，且有机构筹资困难、医疗保险覆盖不到位等运行机制问题。张红凤、张栋等人(2018)对山东省 17 个地市的养老机构服务质量的研究发现，影响养老机构服务质量的因素排序依次为老年群体人口特征、养老机构人员素质与政府投入、老年人支付能力与养老机构投入。王洪娜(2020)对山东省 226 家医养结合机构的调查分析发现，目前医养结合养老机构整体服务效率不高，总体入住率较低，盈利状况不佳。该研究对服务效率及其影响因素进行回归分析发现，机构类型、经营方式、机构规模、入住老人人均月收费等因素对机构服务效率有显著影响；提出从整合各项优惠措施、加强民营机构的扶持力度、适度控制机构的建设规模等方面提升医养结合养老机构的服务效率。

五、研究评述

综上所述，当前学界对养老服务体系的内涵、养老服务需求、养老服务机制、养老服务模式等问题已经进行了大量的规范的研究。这些研究为养老服务体系的研究提供了多维视角的启发，构成了本文的研究基础。不过，从整体上来看，既有研究仍存在局限性，主要表现在以下三个方面：第一，在研究对象上，较少从系统论的角度出发探寻养老服务体系的发展与完善。多数学者分别从居家养老、社区养老、机构养老三方面对养老服务体系进行分析，但忽视了三者的结合与协调发展。第二，在研究理论上，部分学者局限于“消极的老龄观”和狭隘的治已病观念，对服务内容的研究侧重于经济支持、生活照料、医疗照护，而忽视了基于健康老龄观、积极老龄观，通过经济支持、生活照护、医疗照护、预防保健、社会参与、精神慰藉、安宁照护等服务，以满足老年人物质养老、健康养老与精神养老的三重需要才是重中之重。第三，在研究视角上，对社会化养老服务需求或供给的单方面研究居多，缺乏对供给和需求整体平衡的研究。而养老服务体系的建立完善是基于供给和需求双方面进行的，因此，应将社会化养老服务的供给和需求相结合并统一进行分析，以便发现其中的错位和缺位等问题，为养老服务体系的进一步建立健全提供更科学的参考依据。

第四节　相关理论基础

一、养老服务的理论基础

（一）需求层次理论

美国心理学家马斯洛认为人类的需求可以分为五个层次：生理需求、安全需求、归属和爱的需求、尊重需求和自我实现的需求。学界对老年人需求的分析主要是以马斯洛的需求层次理论为基础，同时结合老年人的心理和生理特征进行的。

马斯洛的需求层次理论的具体内容如下：

（1）生理需求。生理需求是人本能的、原始的需求，其具体表现在衣食住行等方面，学术界亦将其称作是生理机能需求。该需求是每个老年人必需的需求。这一层次的需求主要依靠老年人以前的储蓄、退休金等来实现，部分老年人依靠子女赡养和政府救助等。

(2)安全需求。安全需求主要指个体预防自身身心健康受到损害或威胁的需要，主要包括生理安全和心理安全。在基本的生存需求得到满足后，老年人的生理安全就显得更加重要，老年人身体上的疾病能得到治疗并康复，就是实现了生理安全。随着老年人身体状况的下降，慢性病等身体上的折磨让其产生心理恐惧、焦虑，心理安全得不到满足。

(3)归属和爱的需求。该类需求即人们社会交往的需要，主要体现在两个方面：一是社交感；二是归属感。社会交往指的是个人与他人在交往过程中的一切需要，例如爱情、友情等等。当人类生理的和安全的需要被满足后，便会自然而然产生社会交往和希望有良好社交圈的需要。老年人退休后，丧失了工作单位的归属感，主要精力投入到家庭中，难免会有心理落差，产生寂寞空虚感。因此在养老服务供给的过程中，要特别注意老年人精神慰藉和社会参与方面的需求。

(4)尊重需求。尊重需求主要包括两部分需要：一是自我尊重的需要；二是被他者尊重的需要。尊重需求即个体既要自己尊重自己，又想要获得他者对自身的赞赏，希望能有稳定的社会地位和受社会承认的能力。尊重需求在某种程度上可看作是个体自我实现期望。随着年龄的增长，老年人往往失去了在家庭中的经济地位和决策地位，难以在短时间内调整心态，尊重需求就得不到满足。因此，在养老服务供给的过程中，要构建尊老、爱老的社会环境。

(5)自我实现需求。纵观马斯洛提出的五个需求，自我实现需求是最高层次的需求。在实现生理、安全、归属和爱、尊重几个方面的需求之后，老年人还需要实现自己的理想抱负，发挥自己的最大潜能，满足自我需要，实现社会价值。这种需要直接与个体理想抱负相关。

（二）积极老龄化理论

1.积极老龄化理论的提出

20世纪后半叶，西方一些发达国家相继进入老龄化社会，为提高劳动参与率，取消年龄限制，在1997年的第23届七国集团峰会上，积极老龄化（active aging）首次被提出。1999年世界卫生组织（World Health Organization，WHO）发起“积极老龄化全球行动”活动。2002年世界卫生组织出版《积极老龄化：从论证到行动》一书，同年在马德里举办的联合国第二届老龄问题世界大会上，提交了《积极老龄化——政策框架》一文。该文明确阐释了积极老龄化的概念，同时主张应在健康、参与、保障三个方面采取行动。最终该文提到的“积极老龄化”的概念及主要观点被写入联合国第二届老龄问题世界大会《政治宣言》和《老龄问题国际行动计划》。积极老龄化理论对世界各国老龄化问题的解决影响深远。

2.积极老龄化的概念

根据世界卫生组织出版的《积极老龄化：从论证到行动》一书中的定义，积极老龄化是指为了提高老年人的生活质量，使健康、参与和保障的机遇发挥到最大效应的过程。积极老龄化的基本内容是通过各种方式为老年人参与社会创造条件，以期老年人能更好地适应老龄化社会的发展变化。在联合国第二届老龄问题世界大会上提出的《政治宣言》和《老龄问题国际行动计划》中，针对实现“积极老龄化”，提出三个政策行动：(1)健康，即老年人在生理、心理和道德健康以及社会适应能力等方面的完好状态；(2)参与，即老年人根据自身需要和健康状况，继续参与社会、经济、文化、精神和公民事务，使老年人的生活继续融入主流社会；(3)保障，即政府、社会、家庭依照法律规定，对老年人的物质赡养、精神慰藉和社会扶持提供社会补助和社会救助[①]。

目前国内外学界对积极老龄化概念的探讨基本围绕着世界卫生组织提出的定义展开[②]，就国内学者而言，邬沧萍教授对积极老龄化的内涵作出了较为科学的界定，他认为积极老龄化是指老年人为提高老年生活质量，按照自己的需要、意愿和能力，仍可积极参与社会、经济、文化和公共事务，并且得到充分的社会保护。

3.积极老龄化理论的启示

积极老龄化理论认为，老年人是一种丰富的潜在资源，与青年人一样是社会发展的推动者和社会问题的解决者，老年群体同样可以努力创造社会财富。在我国老年人口比例日益快速增加的趋势下，党和政府必须重新审视老年群体的定位问题，将老年群体纳入积极参与社会发展的支持力量，而不仅是消极被动地将老年人视为社会发展的“包袱”或“拖累者”。

以“积极的老龄观”取代“消极的老龄观”，对于我们正确地认识“老龄化”、实现老年学研究视角的转变具有一定的启发意义。在老龄政策的完善过程中，我们应适应实际需要，为发挥老年人的潜能，使老年人有所作为创造条件。比如，从老年人的实际需求出发，积极研发文化养老服务产品，保障老年人接受文化养老服务及享受社会发展成果的权益，提升老年人对社会发展成果的精神享用，切实增加老年群体的生活幸福感和获得感。事实上，积极老龄化理论已对我国党和政府制定老龄政策规划产生了一系列的积极影响，如 2019 年中共中央、国务院印发的《国家积极应对人口老龄化中长期规划》就

---

① 张洋.我国社会养老服务体系完善研究[D].长春:东北师范大学,2016.

② 王玮.积极老龄化视角下我国养老服务体系建设研究[D].长春:吉林大学,2019.

提出要构建老有所学的终身学习体系，创造老有所为的环境，创建为老服务的人力资源队伍，以推进老年人力资源开发。

（三）健康老龄化理论

1.健康老龄化理论的提出

1990 年世界卫生组织提出健康老龄化，以应对人口老龄化的问题，其核心理念是生理健康、心理健康、适应社会良好。

1995 年 10 月，中国老龄问题全国委员会、中国老年学学会、中华人民共和国卫生部医政司在北京召开了全国老年医疗保健研讨会。会上，我国人口学与老年学家邬沧萍教授作了题为《健康老龄化的科学涵义和社会意义》的会议主题报告。邬教授在报告中指出："可以看出健康老龄化这一词组与我国传统上使用的'健康长寿'近似，但寓意更深，内容更加丰富。"他进一步指出："要全面、科学地理解'健康老龄化'，必须明确六个要点。"这六个要点是：

第一，健康老龄化的目标是老年人口群体中的大多数人健康长寿，表现为健康的预期寿命（healthy life expectancy）的提高。

第二，健康老龄化不仅体现为寿命长度，更重要的是寿命质量的提高，老年人口健康寿命的质量是有客观标准的，也是可以量化的。

第三，人类年龄结构向老龄化转变，一方面要求有相应的"健康转变（health transition）"来适应，另一方面要求把健康的概念引申到社会、经济和文化诸方面。

第四，人口老龄化是一个过程，因此需要历史地、全面地认识老年人的健康，要从个体和群体增龄的过程中认识老年人群的健康状况的前因后果、来龙去脉及发展趋势。把老年群体健康看作是进入老年期前的婴幼儿、青少年和成年后各阶段所有制约健康因素的最综合、最集中和最终的表现。

第五，健康老龄化是人类面对人口老龄化的挑战提出的一项战略目标和对策，它是建立在科学认识的基础上的。

第六，健康老龄化是同各个年龄段的人口、各行各业都有关系的一项全民性保健的社会系统工程，需要全党全民长期不懈的努力才能逐步实现。

2.健康老龄化理论对养老服务的影响

以习近平新时代中国特色社会主义思想为指导，全面贯彻党的十九大和十九届历次全会精神，准确把握新发展阶段，深入贯彻新发展理念，加快构建新发展格局，落实全面推进健康中国建设和积极应对人口老龄化国家战略要求，坚持新时期卫生健康工作方针，从提高全人群、全生命周期健康水平出发，以满足老年人对健康的基本需求、兼顾多层次和多样化需求为目的，以体制机制的改革创新为根本动力，大力推进老龄健康服务供给侧结构性改革，把健康老龄化理念融入经济社会发展全过程，深入开展老年健康促进行动，持续发展和维护老年人健康生活所需要的内在能力，促进健康老龄化的实现。

（四）福利多元主义理论

福利多元主义理论于 20 世纪 70 年代兴起并在社会福利领域的研究中占据主要地位。在西方社会福利研究领域，福利多元主义主要是指福利的责任由不同的部门分担，主张社会福利来源要趋向于多元化。

福利多元主义理论指出，不应视政府为提供集体福利的唯一来源，除政府以外，还有三个来源，即非正式部门、志愿部门和商业部门，具体包括：(1)公共部门，即各级政府所提供的间接或直接福利；(2)非正式部门，即由亲属、朋友和邻里所提供的社会和医疗服务，也即社区照顾与家庭照顾；(3)志愿部门，也称为非营利部门或非政府组织，主要包括邻里组织、自助或互助团体、提供服务的非营利机构及社会团体、医疗或社会研究团体、协调资源的中介组织等;(4)商业部门,即企业所提供的职业福利和市场上购买的服务。对于不同的福利项目,有时会以政府提供为主,有时会以私人市场为主,有时则以其他福利来源为主,这将依据福利项目的特性而决定。

福利多元主义的宗旨是福利的分散和参与,其最终目标是希望借由政府、非正式部门、志愿组织和市场组织的合作关系来分散和缓解财政与经济危机。总的来看,福利多元主义理论强调的是一种福利供给的多元体系,即通过福利多元结构的安排,将由国家全面提供福利的模式转变为由社会多部门综合提供福利的模式,在多部门的参与下,实现由福利国家向福利社会的转型。

为了推动养老事业的发展,我国十分注重借鉴应用这一理论,1986年民政部就提出了“社会福利社会化”的发展目标,主张社会福利来源多元化。近年来,随着我国人口老龄化问题日益严峻和家庭养老功能式微,高龄老人、失能老人、空巢老人的照料需求不断增加。依据福利多元理论,养老服务供给主体多元化对养老服务发展具有积极意义:其一,能减轻政府负担,政府的主要责任在于做好顶层设计、规划评估、财政支持与监管等,而不是事无巨细;其二,能形成多元联动,让政府、市场、社区和个人共同参与其中,整合养老服务资源,将无偿、低偿与有偿相结合,丰富服务项目,提高服务质量,解决人口老龄化带来的危机,推动福利事业的持久发展。

(五)公共治理理论

公共治理理论形成于20世纪70年代,其内涵与治理的基本含义有着密切的联系。公共治理是指政府、社会组织、私人部门、市场等治理主体,通过协商、谈判、洽谈等互动、民主的方式共同治理公共事务的管理模式。与传统的公共行政相比,公共治理不再是自上而下地依靠政府的政治权威，通过发号施令、制定和实施政策对公共事物进行单一化管理，它强调的是主体多元化、方式民主化、管理协作化的上下互动的新型治理模式。

公共治理意味着政府已不是单一的治理主体，治理主体呈现出多样化和多元化趋势，政府与社会组织、市场以及公民个人都可以成为公共治理的主体。并且，治理权力也往多中心化发展，权力中心不再仅仅是政府，市场、第三部门等其他主体都可以参与管理，形成自主的管理网络，构成多中心治理模式。自愿、平等和合作是公共治理的重要原则，也是治理过程中组织协调、资源共享、有效沟通、伙伴关系形成的内在道德基础。治理意味着办好事情并不仅依靠政府权力，吸纳各种利益相关者参与治理过程是非常重要的。此外，也要求政府改变“由上至下”直接发号施令的传统领导方式，而是发挥“掌舵”“领航”的作用。

当前的养老服务治理中，各类治理主体都有特定的资源优势或资源短板。如政府持有资金优势、政策优势，但专业优势不足；社会组织具有专业人才优势但缺乏自我造血能力；企业有专业优势但经营场所、资金等可能存在欠缺；家庭拥有亲情和照护便利，但精力、专业优势可能不足。这些治理主体拥有的资源众多但都存在一定短板，无法互补、整合、共享、互用，严重制约着我国养老的服务供给和服务质量。根据公共治理理论，对养老服务体系的发展来说，养老服务的各参与方，包括政府、企业、社会组织、个人等均可以成为治理主体，分别在养老服务中担任不同的角色。因此，需要基于我国未富先老、未备先老的国情和自愿、平等和合作的原则，大力整合一切服务治理主体可以整合的养老资源，为老年人提供医疗照护、生活照料、精神慰藉、社会参与、文化娱乐等养老服务。

二、养老服务的原则

（一）公平与效率相结合原则

公平是国家建立社会保障体系所追求的目标及基本原则。养老服务作为社会保障体系的组成部分，社会的弱势群体能够共享经济发展成果是首先需要考虑的问题。政府基于责任和义务需要强势介入和主导养老保障工作，通过制定相关政策措施和完善社会再分配机制来保障社会弱势群体基本生活，防止两极分化和社会矛盾激化。以公平为主的法定养老保障项目，要让每位老年人享有获得服务的公平机会，让经济收入状况不同的老年人的需求在政府所设计的养老服务保障制度中都得到满足。

当然，在非法定的保障项目政策架构上，政府应更多考虑效率。在体系的建设中需通过自身优势组织各方，理清关系网络，加强监督管理，确保整个服务体系健康运行和高效运转。

（二）政府与市场相结合原则

根据福利国家的经验，养老产业发展一般经历三个阶段，即政府主导、政府与市场共同主导、市场主导阶段，我国正处于第二阶段——政府与市场共同主导阶段。养老产业的微利性、缓慢性和公益性等特点决定了完全依赖政府与完全放手给市场都不具备可行性。政府在养老保障中要肩负公共责任，为公民提供最基本的社会养老金和基本养老服务，这是由养老保障的公共物品属性与行政权力的公共性决定的。市场能为老年人筹集更丰富的养老资金，提供多种多样的养老服务内容，弥补政府作用的不足。要实现养老的可持续发展，必须做到人才可持续、发展模式可持续、自主经营可持续。因此，必须走政府和市场结合的道路，既充分发挥政府作用又发挥好市场作用，政府负责托底部分，而政府无法发挥职能之处则由市场发挥作用。

（三）统一性与多样性相结合原则

法律法规的制定是一项复杂的、需要统筹兼顾的社会系统工程。法律的统一性是维护法律尊严的必要条件，是保证法律严肃性的重要标尺。然而我国存在地区差异、收入差距，养老服务体系在坚持统一标准的前提下，在统一规范的基础上，必须考虑多元化、多样性，允许各地区适度灵活调整服务的方法和内容。只有服务方式多样化，才能满足不同层次的养老需求，让老年群体真正地安享晚年。服务方式多样化包含以下两个特点：

首先，在既有的条件下，服务内容要尽可能全面，服务的供给方式要灵活多样，让拥有不同需要的老年人自主选择不同的服务。

其次，形成的服务体系方案一定要有很强的操作性和实践性，我国城乡差异、老年人的心理特征、赡养人的意愿需求和不同地区的经济发展情况等因素都要考虑进去，既要关注老年人未来的需求，也要考虑到老年人的当前状况，这样才能得到更多社会人士、有需求的老年人和政府部门以及社会群众的认可和支持，并促使大家一起参与到方案的优化和执行中。

（四）权利与义务相结合原则

根据《中华人民共和国老年人权益保障法》，老年人有从国家和社会获得物质帮助的权利，有享受社会服务和社会优待的权利，有参与社会发展和共享发展成果的权利。老年人的这些权利是否能充分实现关系着老年人的生活质量，也影响着老年人的幸福感和获得感。老年人作为社会弱势群体，随着年龄的增加与自理能力的减弱，更加需要得到社会的照顾与关爱。同时，家庭子女有对赡养的老年人定期支付赡养费的义务。国家和社会应当采取措施，健全保障老年人权益的各项制度，逐步改善老年人生活、健康、安全以及参与社会发展的条件，实现老有所养、老有所医、老有所教、老有所学、老有所为、老有所乐。

权利与义务是统一的：首先，这种统一性表现为不可分割性，也就是说既没有无义务的权利也没有无权利的义务；其次，权利和义务是相辅相成，相互促进的。在养老服务体系建设中，政府、社会、社区、家庭、子女等各方的权利与义务关系需要在法律法规中厘清，在全方位保障老年人权益的同时，也要明确老年人的义务，使老年人的行为受到法律约束。

三、我国养老服务发展的影响因素

（一）经济的发展

养老服务本质是一种经济关系。这种经济关系主要表现在以下不同的层面：

（1）经济的发展推动时代的变迁，进而影响到养老服务体系的变化。在古代社会，以一家一户为形式的农业经济模式，将生产和消费均局限在家庭内部。老年人既是财富的所有者，也是财富的分配者，更是知识和经验的传播者，所以老年人作为家庭经济和知识的主宰者，在年轻时需要生育子女、抚养子女，年老以后需要子女赡养和送终，由此形成了家庭养老服务模式。进入近代社会，工业经济的发展使大批劳动者离开家庭进入社会，养老服务费用成为生产成本的有机组成部分，养老服务的责任逐渐转由社会承担。到了现代社会，信息化社会的形成和发展极大地提高了社会化养老的规模和水平，并逐渐形成一种新型的社会养老服务模式。

(2)经济的发展推动家庭的变革,又进而影响到家庭养老服务的变化。在古代农业社会,家庭是主要的生产和消费单位,人口规模和家庭的子女数量是生产力的主要构成要素,也是经济发展的主要支撑,多生多育和维系大家庭是这个时期家庭发展的基本特点。随着工业经济的发展,技术在生产中的作用越来越大,劳动力数量对经济发展的决定性作用逐渐弱化,教育和劳动者质量日益受到重视,家庭规模在缩小,对子女的培养在加强。伴随孝文化的弱化,家庭养老服务功能也逐渐在收缩。加之老年人经济状况的改善,自主自理意识的强化,独居比例的提高,传统家庭养老服务模式已经"风光不再",由政府进行顶层设计的社会化养老服务模式的优势正逐步显现。

可见,经济发展以后,养老服务发展受到的影响主要来自大环境的变化和小环境的变化两个方面。大环境的变化是指整个社会的变化,主要是从观念、模式和机制上推动家庭养老服务向社会化养老服务的变化;小环境的变化是指老年人的变化,主要是从依靠子女养老到依靠社会和自己,从依赖家庭到追求自主自理生活。

(二)政治的变革

经济基础决定上层建筑,上层建筑一旦形成,就会对经济基础产生反作用。上层建筑由社会的观念上层建筑和政治上层建筑两个部分组成。观念上层建筑包括政治法律思想、道德、文学艺术、哲学等意识形态。政治上层建筑在阶级社会中主要指政治法律制度和设施,包括军队、警察、法庭、政府机构和政党、社会集团等,其中国家政权是核心。观念上层建筑和政治上层建筑是相互联系、相互制约的。观念上层建筑为政治上层建筑提供思想理论根据,政治上层建筑为观念上层建筑的传播和实施提供重要的保证。由于这两大部分的性质不同、层次不同、内容不同,所以发挥的作用也不同。

古代社会的家庭养老服务、政府社会救济机构,近代社会的家庭养老服务、民间社会救济事业,现代社会的社会化养老服务、社会救济事业等均是时代变迁,特别是政治变革的重要产物。随着时代的变迁和政权的更迭,养老服务所依托的背景发生变化,养老服务的观念、形式、目标、路径以及基本内容均表现出明确的时代特色。从大的发展轨迹来看,养老服务发展具体表现为:养老服务主体从政府演变为政府主导下的多元参与主体;养老服务目标从重点在“养”演变为“六个老有”;养老服务性质从事业演变为事业、产业并重;养老服务体系从家庭养老服务演变为以居家社区机构养老相协调,融合医养康养,以“互联网+”为手段的服务体系。

(三)文化的变迁

文化的概念有广义和狭义之分:广义概念是指人类在社会历史发展过程中所创造的全部物质财富和精神财富的总和;狭义概念是仅指精神财富,如哲学、科学、教育、文学、艺术等。从养老服务发展角度看,文化主要表现在观念、模式、习俗、舆论、族规等方面。文化对于我国养老服务发展的影响,主要表现在以下两个方面:

(1)从理论和认识上揭示了我国养老服务的特色问题。养老服务人类社会自古有之,是一个世界性现象,但是由于地域和各地经济社会发展和地域的不同,养老服务在整体和部分上表现出明显的文化差异。因此,了解各地养老的文化差异是认识各地养老问题的关键,也是构建一个具有普遍性的对策的重要基础。我国养老服务模式是我国数千年历史发展的产物,有其基础和必然性。我国传统社会的君主体制、孝文化的等级观念、家庭为本的社会基础、一家一户的农业经济形态、人传口授的知识传递方式以及地域造成的交通阻隔,造就了中国特色的基于孝文化的家庭养老服务模式。随着时代的变迁,政治体制、思想文化、经济形态、家庭模式以及科技的发展，家庭养老服务模式也开始向社会养老服务模式转变。这不仅是经济社会发展使然，而且也是文化变迁的必然结果。

(2)从实践上规范了养老服务的思想、行为和模式。养老服务观念、养老服务内容、养老服务基本模式、养老服务支持体系等都与文化有关，也可以说是文化的物化形态。正是文化决定了中国特有的养老服务观念和养老服务模式，使之体现出中国特色。

(四)社会的发展与进步

社会的发展与进步，即人类社会由低级向高级、合乎规律的前进运动，以及社会形态的更替，就是社会进步的过程。对于我国养老服务发展来说，社会的发展与进步对其的主要影响表现在如下方面：

(1)推动养老观念的变化。传统社会的养老服务主要是家庭养老，其指导思想为孝文化。直到现代社会，在农村和部分城市，家庭养老依然是老年人养老的主要形式。但是，养老服务的指导思想在发生变化。子女不再将赡养父母作为自己人生的第一要务，而是代之以个人事业发展和小家庭的发展；老年人也不再将晚年养老完全寄托在子女身上，而是依靠社会和自己。由此可见，一种新孝道思想正在逐步形成。新孝道是在继承传统孝道精华的基础上发展而来的。新孝道的基本原则可以归纳为五个方面：①人格平等原则；②体现义务性原则；③注重感情原则；④高度自律性原则；⑤主张互益性原则。

(2)推动养老服务的变化。随着经济和社会文化的发展，家庭养老服务也在变化。

第一，养老服务形式的变化。传统家庭养老服务的形式主要是共居养老服务，也就是父母与子女共居一处，子女负责赡养和照料年迈父母。在家庭类型结构上，最常见的是三类家庭：一是由父母和未婚子女组成的核心家庭，二是父母与已婚子女和未婚子女组成的直系家庭，三是父母与所有子辈、孙辈组成的联合家庭。进入近代和现代社会后，虽然家庭养老服务依然是以父母和子女共居并由子女负责赡养照料为主要形式，但在养老观念和养老文化变化的影响下，这种共居养老的形式也在发生变化。变化之一是居住形式的多样化。老年人自主自立的观念使老年人倾向于选择夫妻同居和老人独居的形式。在老年人与子女同住的形式中，城市老年人与女儿同住的比例在上升，这表明社会的传统观念正在发生改变，也在推动着养老服务模式的变化。

第二，养老服务内容的变化。传统意义上的养老，重点是在养，即物质上的养。但随着时代的变迁，老年人的需求发生很大变化，更多地追求精神文化生活，追求心理和情感的满足，追求权利和自我价值的实现。

第三，养老服务支持力的变化。子女提供赡养和照料老年人的全部资金和人力是传统社会的要求，但进入近代社会特别是现代社会，国外养老思想和观念传入中国，社会养老保障和服务体系逐渐完善，老年人的经济能力和健康状况都有很大提高，老年人自主自立养老的观念也已形成，很多老年人依靠社会和自身也能实现养老，于是养老支持力的来源开始发生变化。

除了这些，社会理念、教育思想、对老年人和养老问题的看法、代际关系等均在发生根本性变化，所有这些因素对养老服务发展的影响均具有积极的意义。

（五）人口年龄结构变化

人口年龄结构的变化也是影响养老服务发展的重要因素。中国人口规模和年龄结构的变化大致经历了三个大的阶段：

第一个阶段是在传统社会和近代社会，中国人口规模在不断增长，从最初的较少人口到历经古代社会，再到19世纪中叶达到4.39亿，再经过近代社会，到新中国建立时达到5.49亿。此时的人口年龄结构没有人口老龄化问题。

第二个阶段是中华人民共和国成立到20世纪末，人口规模增长至12.684亿。这个阶段也没有人口老龄化问题，但已表现出人口老龄化的趋势。1953年的人口年龄结构是年轻型人口，1982年第三次全国人口普查时已是成年型人口，1990年第四次全国人口普查时已是典型的成年型人口，2000年第五次全国人口普查时，65岁及以上人口占总人口的比例和年龄中位数均已符合老年型人口标准。

第三个阶段是进入21世纪以后，该阶段人口规模增长速度减缓，但人口年龄结构问题凸显。我国人口在20世纪和21世纪之交时开始呈现出老龄化趋势，而后老龄化速度越来越快。第七次全国人口普查公报(第五号)显示，2020年我国60岁及以上人口占总人口的18.70%，65岁及以上人口占比为13.50%；与2010年相比，60岁及以上人口增加了5.44%，65岁及以上人口增加了4.63%。“十四五”期间，我国将从轻度老龄化社会迈入中度老龄化社会。随着第二次生育高峰出生的“60后”群体步入退休年龄，老龄化速度将明显加快，到2030年老年人占比将达到25%左右，其中80岁及以上高龄老年人口占比的提高速度更加明显[①]。

人口老龄化是一种客观的人口现象，本不是什么问题，但将人口老龄化置于经济社会发展的大环境中，特别是从生产力角度审视人口老龄化时，就会发现人口老龄化对发展可能带来的逐渐加深的影响，当

① 陈功.我国人口发展呈现新特点与新趋势：第七次全国人口普查公报解读[EB/OL].(2021-05-13)[2022-01-15]. http://finance.people.com.cn/n1/2021/0513/c1004-32101889.html,2021-05-13.

然也包括对于养老服务发展的影响。一是我国“未富先老”和“未备先老”，社会化养老服务提供不足，在老年人自身养老有较大困难时无法满足老年人的养老需要；二是少子化和家庭规模缩小，传统家庭养老功能严重弱化，子女数量、子女能够提供照料服务的时间和精力、家庭能够转移支付的医疗费用的数额等均存在不足或不确定性问题；三是高龄化和失能化，基于我国庞大的老年人口基数以及少子化趋势，失能老人和高龄老人的照料服务面临巨大挑战。

人口规模和人口年龄结构变化以及伴随而来的人口现象对养老服务发展带来很大的影响，具体如下：

一是推动对养老服务建设重要性的认识。在传统社会，家庭养老是养老服务的主要模式，社会救济只是一种补充；进入近代社会，整个社会对社会救济的认识有所提高，且相应地接收了西方观念；到了现代社会，整个社会逐渐形成了比较全面的社会保障、社会福利、社会救济的思想，对家庭养老的认识有了较大改变；进入人口老龄化阶段，随着经济社会文化以及人口老龄化发展，传统家庭养老模式已经无法完全继续承担养老服务责任，对社区养老服务、机构养老服务以及其他社会养老服务模式的需求日益强烈和迫切。养老服务建设已经不是一个关于部分老年人的照料问题，而是一个关于老年群体的问题，不是一个单纯的老年群体的问题，而是一个整体的社会问题、发展问题、稳定问题。若能较好地应对该问题，便可以使其成为推动经济发展和转型的新的引擎，将老龄事业变成老龄产业。因此，高度重视养老服务问题，加快其发展和建设，是老龄社会可持续发展的必然选择。

二是提高养老服务发展和建设的水平和质量。随着人口老龄化发展，特别是老年人对养老需求的多元化，养老服务建设问题也被提上议事日程。在性质上，养老服务建设要从数量的扩展转型为质量的提升；

在目标上,养老服务要从单纯的“养”转型为全面实现“六个老有”,继而参与社会发展并真正同步分享社会发展成果;在主体上,养老服务要从政府这个主体转型为政府、社会、企业、家庭、个人等多个主体;在筹划上,养老服务采取政府顶层设计、基层实施设计的方法;在构成上,养老服务将实现事业、产业并重的基本构成;在模式上,养老服务采取“居家社区机构相协调、医养康养相结合”的模式,同时,还需要大力推动和创新其他新的养老服务模式,满足不同类型老年人的养老需求。

总之,从养老服务发展的影响因素来看,时代的变迁、经济的发展、政治的变革、文化的变迁、社会的发展与进步、人口年龄结构的变化等构成了主要的影响因素。

影响因素是整体的,是通过合力发挥作用的。养老服务作为一个体系,需要多方面支持。但是,这些因素并不是独立的,而是影响因素整体中的一个有机部分。具体来说,当传统社会家庭养老服务向现代社会化养老服务转变时,时代变迁推动了生产力变化,奠定了整体变化的元动力;经济发展推动了生产关系的变化,继而改变了家庭关系以及家庭赡养关系;政治变革推动上层建筑的变化,建立了适应新的生产力、生产关系的制度和舆论;文化变迁推动了思想观念和行为模式的变化,改变了传统依靠家庭养老的观念和行为模式;社会发展与进步推动了整个社会的变化,既有思想观念,也有技术方法,更有地域间的文化交流;人口年龄结构变化推动养老服务需求、模式、路径、效应等多方面的具体的发展,起到了加速度的作用。这些因素通过一个多因素、多方面、多层次的系统,以整体大于部分之和的作用共同影响了养老服务发展,最终实现养老服务的转型。

第五节　养老服务的内涵与外延

一、养老服务的内涵

养老服务是指养老服务主体为满足老年人晚年生活需求所提供的物质和精神方面的支持与帮助的总和。工业革命之前，养老服务主要源于家庭供给。但是随着社会经济的发展和人口老龄化的加剧，家庭养老日渐式微。为弥补家庭养老的不足，社会养老服务应运而生。养老服务不再局限于家庭供给，其供给方式和供给范围日益多样丰富，养老服务的主体包括政府、社会、家庭和老年人自身，养老服务的提供模式有居家养老服务、机构养老服务、社区养老服务等。养老服务的范围、方式和内容等越来越丰富，并表现出体系的色彩，家庭养老和社会养老服务日益发展融合为一个互为补充的、有机统一的体系，该体系包括制度、政策、目标、观念、内容、资金、设施、模式、人员、管理、机制等诸多方面。简言之，养老服务或养老服务体系是以保障老年人生活为核心的社会支持服务体系。

养老服务的概念框架包括养老服务对象、服务主体、服务内容、服务方式、运行机制、资金来源、服务设施和制度规范等八个方面。这八个方面相互影响、相互作用，有机组合成养老服务体系的概念框架。

1.养老服务的对象

广义养老服务的对象是指年满 60 周岁的全体老年人。狭义养老服务的对象专指年满 60 周岁有养老服务需求的老年人。

2.养老服务的主体

养老服务主体的范畴很广，可以从宏观和微观两个维度来阐释。从宏观维度来看，养老服务的主体包括政府、企业、社会、社区、家庭等。从微观维度来看，养老服务的主体指提供直接、具体服务的人员，包括家庭成员、养老机构的服务人员、社区养老服务工作人员、为老服务志愿者、为老服务社会组织成员、企业雇佣的服务工作人员等。从老年人互助角度看，老年人也是养老服务提供的主体之一。

从养老服务主体的职责分工看，政府、社会、市场这三者的正确职责定位应该是：政府保障基本服务、社会增加供给服务、市场满足需求服务。“政府保障基本服务”是指政府要重点保障养老困难群体，如农村和城市的“三无老人”、经济困难老人、失能失智失独老人、残疾老人的基本养老服务；“社会增加供给服务”是指通过动员社会力量发展非营利性的、具有一定公益性质的养老服务机构，满足社会一般老年人的养老服务需要；“市场满足需求服务”，是指高端、营利性养老服务机构要推向市场，由市场调节发展，满足社会上部分经济能力较好老年人的高层次和特殊养老服务需求。

在这个定位下，政府、社会和市场各司其职、各尽其能、科学发展，将政府、社会、市场联结成为定位不同、优势互补，同时又满足全体老年人服务需求的发展格局。

3.养老服务的内容

结合养老服务需求，可将养老服务具体归纳为经济支持、生活照料、精神慰藉等三个方面：

(1)经济保障。经济保障是老年人安度晚年最基本的保障，包括老年人自身经济收入（养老金、劳动所得、房租理财等收入）、家庭转移性收入（子女或亲属提供的赡养费等）以及其他经济收入。有时，子女或社会提供的经济收入可能是实物的形式，如衣服、食品、代缴各种费用等。在老年人经济保障方面，政府会对一些特殊老年人提供经济援助服务，如对贫困老年人的低保资格评估和费用发放，对高龄老年人的高龄津贴申请和办理等。

(2)生活照料。生活照料的具体内容与老年人的养老方式和生活自理能力密切相关。生活照料是老年人晚年必不可少的需求之一，也是养老服务最重要的内容。随着年龄的增长，老年人机体功能逐渐衰退，特别是因病致残会造成失能或半失能，生活完全不能自理或部分生活不能自理，需要家人、他人或社会帮助照料生活，以维持基本生存和基本生活，人口老龄化和高龄化将使这些需求日益扩展和紧迫。生活照料可以是政府、机构提供的正式的照料服务，也可以是家庭、亲友、社会组织提供的非正式的照料服务，也可以是两者的结合。

(3)精神慰藉。精神慰藉通常容易被忽略，但却是影响老年人安度晚年的重要因素之一。精神慰藉包括两个方面：一是老年人的精神文化需求，主要表现在社会层面，包括文体娱乐需求、老有所学需求、旅游交往需求、老有所为需求等；二是老年人的心理情感需求，主要表现在家庭层面，包括家庭亲情交流、子女对父母的尊重、天伦之乐等。当前有抑郁倾向的老年人的比例有所增加，就是上述提及的精神慰藉的两个方面出了问题，直接影响到了老年人的心理健康和精神健康。无论是传统社会还是现代社会，子女、家人仍然是老年人精神慰藉服务的主要提供者。但是随着少子、老龄化的发展，家庭功能逐渐弱化，老年人更多的精神慰藉服务由社会来提供，如老年心理咨询、心理疏导、老年文体娱乐服务以及老年组织提供的各种服务等。

除了以上三个主要方面，老年人还需要一些其他方面的服务：紧急援助方面，如发病后的送医、家里水电气出问题、回家忘了带钥匙、电梯停驶、电视电话的故障等；保健康复的指导方面；各种新知识的传递方面等等。养老服务内容的确定要以老年人养老需求为导向，这样才能使养老服务的提供符合老年人的需要，真正实现精准养老服务，并为养老服务内容设计提供科学的依据。

4.养老服务的基本方式

养老服务的基本方式，按照老年人的居住方式的不同，可以划分为居家服务方式、机构服务方式、社区服务方式；按照收费标准不同，可以划分为无偿服务、抵偿服务和有偿服务；按照养老服务主体的不同，可以划分为政府直接经办、通过社会和家庭办理、社会直接办理、通过家庭成员办理等。

5.养老服务的运行机制

机制是泛指一个工作系统的组织或部分之间相互作用的过程和方式。养老服务的运行机制则是指养老服务主体为老年人提供服务内容的具体方式。各种服务主体的角色、定位、分工、作用不同，在养老服务过程中共同构成了一个运行机制的整体。从国家层面讲，主要是顶层设计、制度建立、政策制定、督促落实以及文化建设等。从社会层面讲，包括社会和社区两个方面，主要是舆论监督、支撑服务、机构建设等。从家庭层面讲，主要是履行养老的各种服务。这些层面是相互依存、相互制约的。如果将养老服务比喻为一棵树的话，国家是树冠，社会是树干，家庭是树根。树冠的光合作用，树干的运输作用，树根的基础作用，构成了一个整体，共同维系和推动养老服务的有效运行。

6.养老服务的资金来源

养老服务的资金来源，既包括个人、家庭，也包括政府、社会组织。

老年人的各种经济收入和家庭的转移性支付，主要面向社会、公司或个人购买养老服务，如雇佣保姆、小时工从事家庭日常照顾工作。雇佣护工从事老年人尤其是失能老年人的照护和康复训练工作，还有付费的文体娱乐活动等。

资金来源于政府的养老服务，既包括政府直接出资建设相应的设备、服务设施或是提供的无偿或部分有偿服务，还包括政府出资向第三方购买的养老服务。

资金来源于社会组织的养老服务，包括社会组织向老年人提供的无偿服务，及通过募集和社会企业的盈利捐助等方式，获得资金向社会购买的养老服务。

7.养老服务设施

设施服务主要体现在家庭、社区、机构配置的相关的养老服务设施。在家庭养老服务和居家养老服务中，为保持老年人在家庭生活的独立性，为有需要的老年人配备辅助工具、进行家庭无障碍改造、安装紧急呼叫和安全援助装置等服务。在社区养老服务中，建设配餐、日间照料和短期托养所需的设备设施。机构养老服务的重点是设施建设，通过设施建设、器具配备，实现其基本养老服务功能：一是无障碍设施建设，配置必要的附属功能用房，满足老年人的穿衣、吃饭、如厕、洗澡、室内外活动等日常生活需求；二是配备康复器材，帮助老年人进行康复护理；三是紧急救援装置配备，使老年人在需要的时刻能够得到及时有效的救援；四是医疗设施配备，提供医疗服务。

8.养老服务的制度规范

养老政策制度是指一切国家和地方出台的，与养老服务有关的政策制度。其制定目的是为养老服务提供政策保障和依据，推动养老服务的发展与落实。养老政策制度主要包括法律和政策：

第一，法律依据。老年人依法享有养老服务。养老服务的基本法律依据是《中华人民共和国老年人权益保障法》（以下简称《老年人权益保障法》),为老年人养老服务提供了法律保障。《老年人权益保障法》规定地方各级人民政府和有关部门应当采取措施,发展城乡社区养老服务,鼓励、扶持专业服务机构及其他组织和个人,为居家的老年人提供生活照料、紧急救援、医疗护理、精神慰藉、心理咨询等多种形式的服务。同时,为发展养老服务,《老年人权益保障法》还明确规定了地方各级人民政府在财政、税费、土地、融资等方面的措施,养老服务设施建设的政策规划,对养老机构的政策支持及监督管理等。此外,《老年人权益保障法》还就老年人的家庭赡养与扶养、社会保障、社会服务、社会优待、宜居环境、参与社会发展、侵犯老年人权益的法律责任做出规定。

第二,政策依据。养老服务制度规范的政策依据,主要是国家层面和地方层面出台的有关养老服务的政策,这些政策明确了养老服务机构的责任主体,起到了对社会养老服务业的监督作用。

二、养老服务的外延

养老服务的对象是全体老年人,目的是满足老年人的养老需求,内容是老年人养老所需的各种服务。但是提供这些服务,需要多方面的支持,不是养老服务主体自身能够独立承担的,由此可以提出养老服务概念的外延问题。

养老服务是一项社会性、全民性工作,其外延非常广泛,主要有保障服务、教育服务、文化服务、体育服务、照料服务、卫生医疗服务、健康服务、维权服务、优待服务、家庭服务等。概括而言,养老服务的外延可以从以下方面来归类阐述:

(一)养老服务的保障方面

养老服务的保障方面主要指为满足老年人生活保障所提供的服

务，关注的是老年人的物质方面，主要包括保险服务和优待服务。

保险服务涉及老年人的社会保障方面，主要指政府部门、商业保险公司为老年人提供的保险服务，如养老保险金的核算与发放、医疗保险的结算报销等。没有基本的保险服务作为支持，老年人的经济生活、医疗等最主要的养老需求就无从保障。

优待服务是指县级以上人民政府及其有关部门根据经济社会发展情况和老年人的特殊需要制定的优待老年人的举措，目前主要指针对老年人的一些免费活动，如乘坐交通工具、公园门票优惠等（张瑾，2018）。

（二）养老服务的照料方面

照料方面的服务是指为满足老年人日常生活照料需求而提供的一切服务。从照料对象的健康状况看，照料服务既包括对所有老年群体的日常照料和帮助，也包括失能老年人和部分失能老年人的照料和护理工作。从照料对象的居住方式看，照料服务既包括对居家养老的老年人的日常照料服务，也包括为居住在机构的老年人提供的照护。从服务提供主体看，照料服务既包括家庭成员为老年人提供的日常照料和家务帮助，也包括专业照护人员提供的护理康复服务以及社区提供的日托式服务和“喘息服务”。从养老服务的内容来看，主要有以下方面的服务：

第一，照料服务。照料服务专指协助老年人维持正常生活所提供的服务，如个人清洁、陪医送药、购物出行等日常活动。

第二，护理服务。护理服务主要面向生活不能自理、患病、残疾的老年群体，由专业的护理人员或经过培训的家庭成员提供的诸如陪护、复健、训练、喂药、如厕、洗澡等工作。护理服务对专业性要求较高。

第三，家政服务。家政服务是为老年人提供的家庭清洁、家务打扫等活动，其目的是美化老年人的居住环境等。家政服务既可以由家庭成员提供，也可以由专业的家政公司提供，或是由社区等提供。

（三）养老服务的健康方面

健康方面的养老服务主要指满足老年人健康需求的各种服务，既包括身体健康方面的服务，又包括心理健康方面的服务，具体包括医疗卫生服务、保健护理服务、心理咨询服务三个方面。

第一，医疗卫生服务。医疗需求是老年人养老最主要的需求之一。医疗卫生服务状况和水平直接关系到老年人的健康状况和预期寿命。医疗卫生服务主要由医疗卫生系统运行和提供，这里特指专家、医生、护士等为老年人提供医疗和卫生服务。

第二，保健护理服务。保健护理服务是恢复并维持老年人正常生理机能的重要途径，保健和护理反映了服务老年人的两个层次。保健是使老年人健康和能够保持基本生活能力，护理是使半失能老人或失能老年人降低生存中的风险和实现一定程度上的康复。

第三，心理咨询服务。心理健康是老年人健康系统的重要方面。现如今人们越来越意识到心理健康的重要性及其对老年人安度晚年的重要意义。老年人由于社会功能逐渐弱化，容易产生失落、抑郁等情绪，当情感无处诉说，情绪无处发泄时很容易出现心理问题，开展针对老年群体的心理咨询服务非常有必要。心理咨询可以由专业的心理机构和专家提供，由具有心理学知识和背景或经过心理咨询训练的志愿者队伍完成。具体的方式包括直接为老年人提供心理咨询服务以疏解老年人的心理问题，通过宣传教育提醒家庭成员及老年人自己关心老年人的感受、关注老年人的心理健康状况，普及老年人心理健康知识。

（四）养老服务的文化方面

文化方面的养老服务主要包括教育服务、文化服务、娱乐服务、体育服务等四方面的服务：

第一，教育服务。老年人有接受教育的权利，也有继续受教育的意愿。国家和社会一般通过兴办老年大学、老年人兴趣班、老年特长班等形式为老年人提供教育服务。

第二，文化服务。文化服务主要是指面向老年人的文化宣传服务，如发行针对老年人群体的杂志刊物，通过电视节目、短视频、社区公告、布告等媒介普及老年人最为关心的养老、健康、养生、家庭关系、法律等相关知识，以丰富老年人的精神世界。

第三，娱乐服务。娱乐休闲活动是老年人安度晚年、提高主观幸福感的重要途径。老年人通过参加娱乐休闲活动可活跃思维、加强社会参与感、增进交流，愉悦身心。为此，应加强引导宣传，提高老年人休闲文化意识，调动老年人参与休闲文化活动的积极性，改变老年人文化活动结构失衡现象，丰富老年人精神文化活动的种类和方式。同时，鼓励和支持各类机构和企业开发个性化、多样化、灵活性的老年休闲文化产品，不断扩大老年休闲文化活动的规模和参与率。大力发展面向老年人休闲的文化产业，通过政府采购方式鼓励和支持文化企业生产满足老年人日益增长的个性化、多样性的休闲文化需求的文化产品和服务，提高对发展老年休闲文化产品的政策支持力度。

第四，体育服务。体育运动是增进老年人身体健康状况、增强老年人体质、改变老年人精神面貌的重要途径。在全面健身的大背景下，老年人的体育服务活动对于老年人的健康具有重要的作用。因此，应加大财政投入力度，探索基层室内公共体育场馆建设新模式，不断增加基层室内公共体育场馆的供给。同时，加强基层体育指导员队伍建设，争取为每个基层体育设施配备 1～2 名专职体育指导员，为老年人提供个性化体育辅导。

（五）养老服务的权益方面

对老年人的权益保护方面的服务主要包括日常法律服务和维权服务两方面的内容。

第一，日常法律服务。通过开办法律讲座、进行现场法律咨询等方式向老年人普及法律知识，提高老年人的法律意识和维权意识，从而使老年人能够保护自己的合法权益的服务。

第二，维权服务。凡是维护老年人的合法权益的服务都属于养老服务中的维权服务，即当老年人的权益受到侵害时为老年人提供的法律咨询、法律援助等服务。《老年人权益保障法》第五十六条规定老年人因其合法权益受侵害提起诉讼、交纳诉讼费确有困难的，可以缓交、减交或者免交；需要获得律师帮助，但无力支付律师费用的，可以获得法律援助。同时，鼓励律师事务所、公证处、基层法律服务所和其他法律服务机构为经济困难的老年人提供免费服务或者优惠服务。

三、养老服务的类别

（一）正式支持服务和非正式支持服务

按照社会支持网络理论，养老服务的形式包括正式支持服务和非正式支持服务两个方面。

正式支持服务主要由正式组织提供，非正式支持服务主要由老人的家庭、亲属、朋友和邻居等提供。正式支持服务是指由政府、机构等正式组织提供或具有专业知识的人员专门为老年人提供的服务，如养老机构为老年人提供的全日制的生活照料、生理康复，居家养老服务中心上门为老年人提供的专门的服务，等等。非正式支持服务是指家庭成员在日常生活中为老年家庭成员提供的各种服务，如照料、精神慰藉等，以及亲友、邻居对老年人提供的非常规的、临时性的帮助与服务。

（二）有偿服务和无偿服务

服务是劳动形式的一种，购买劳动和服务分为有偿和无偿两种方式。

有偿服务是指服务对象与服务提供主体之间存在着对服务内容的经济买卖关系，一般情况下，专业养老机构为老年人提供的服务属于有偿服务范围。

无偿服务是指服务对象和服务提供主体之间没有直接的经济偿付关系，服务提供主体出于亲情、志愿、公益、奉献等无偿为老年人提供服务，主要指家庭成员之间相互提供的养老服务或由志愿者提供的养老服务。

在有偿和无偿服务方面，还存在另外一种情况，即第三方付费。这种形式是指在服务提供主体和服务对象之间不存在直接的经济偿付关系，而是由第三方买单。比如，北京市高龄老人每月获得的养老（助残）券，可以支付生活照料、家政服务、康复护理、心理慰藉等服务，这就是政府为高龄老年人购买和支付养老服务。有些家庭成员因无法照顾父母，在附近的养老服务机构存放一笔钱，要求这个机构定期去为自己的父母提供服务，这可能也属于第三方付费购买服务的范畴。至于政府对“三无”老人和“五保”老人提供的免费养老服务，在性质上也应属于第三方（即政府）付费的类型。

四、养老服务内容的层次

养老服务内容涉及老年人各个层次的需求。按照马斯洛的需求层次理论，人的需求可以划分为生理需求、安全需求、归属和爱的需求、尊重的需求和自我实现的需求五个层次。基于老年人的需求，养老服务内容也包含五个层次。

第一个层次：为满足老年人生理需求所提供的服务，该层次的服务涉及老年人的衣、食、住、行、用、医等各个方面，如穿衣、洗衣、做饭、喂饭、出行陪伴、日常起居、陪同就医等。

第二个层次：为满足老年人安全需求所提供的服务。安全需求又可以分为生理安全和心理安全。满足老年人生理安全的服务，如人身安全服务、出行安全服务、无障碍设施建设等；满足老年人心理安全的服务，如安全感服务、精神慰藉、心理疏导等。

第三个层次：为满足老年人归属和爱的需求所提供的服务，主要涉及老年教育、文化、体育、娱乐、休闲等方面，如老年社团组织的建设、老年活动的组织、老年活动中心开展的服务、老年大学、老年兴趣小组服务等。除了社会性归属之外，家庭归属可能更为重要。加强老年人与子女之间的关系，推进老年父母与子女、孙子女之间的情感交流，也应是养老服务的内容之一。

第四个层次：为满足老年人尊重需求所提供的服务，主要是弘扬尊老、敬老风尚，肯定、宣扬老年人的价值，消除年龄歧视，促进代际关系和谐等，如举办尊老敬老专题服务、开办老年人节等。家庭内晚辈尊重长辈、保持基本的尊老敬老仪式和规则等，均属于这个层次。

第五个层次：为满足老年人自我实现需求所提供的服务，主要是为有"老有所为"意愿的老年人提供必要的工作岗位和参与活动的机会，具体包括提供适合老年人的工作岗位、知识更新和就业培训、完善老年人继续工作和社会参与的环境条件等等。

以需求层次为导向，就是要求提供和设计养老服务时应注意从低到高的层次性，也是为养老服务设定了从低到高的目标。五个层次的服务目标和任务各不相同，不同特征的老年人所处的需求层次也存在差异。通常的顺序是老年人在满足一个层次的需求后，将会自然更加关注下个层次的养老服务需求。但是这并不意味着养老服务内容的五个层次具有严格的先后顺序，理由之一是养老服务发展应兼顾各层次和各方面，五个层次的各个方面都有所发展，才能满足某个层次的需求；理由之二是养老服务发展可以不严格遵循顺序，可以根据经济社会发展状况而优先解决某个层次需求。其实，有时解决了较高层次需求，更有利于解决低层次的需求。在我国历史上，首先确立法律、文化和礼仪来强化老年人的家庭和社会地位，然后才是落实老年人的权益和优待政策，这种做法就是突破了养老服务内容五个层次顺序的实例。

第二章　养老服务需求分析

第一节　养老服务需求总量分析

一、老年人口规模大、增速快

从国家统计局发布的《2021 年国民经济和社会发展统计公报》可以看出，2021 年年末，全国人口为 14.126 亿人。年龄构成看 60 岁以上人口 2.67 亿人，65 岁及以上人口 2 亿人，分别占全国人口的 18.9%和 14.2%。[①] “十四五”期间，我国将从轻度老龄化社会迈入中度老龄化社会。随着第二次生育高峰出生的“60 后”群体步入退休年龄，老龄化速度将明显加快，到 2030 年老年人占比将达到 25%左右。[②]

① 宁吉喆.国家统计局局长就 2021 年国民经济运行情况答记者问[EB/OL].(2022-01-17)[2022-01-30]http://www.stats.gov.cn/tjsj/sjjd/202201/t20220117_1826479.html

② 陈功.我国人口发展呈现新特点与新趋势:第七次全国人口普查公报解读[EB/OL].(2021-05-13)[2022-01-30]. http://finance. people. com. cn/n1/2021/0513/c1004-32101889.html,2021-05-13.

根据国家应对人口老龄化战略研究总课题组撰写的，由华龄出版社在2014年出版的《国家应对人口老龄化战略研究总报告》的分析，我国人口老龄化有以下四个重要发展阶段(国家应对人口老龄化战略研究总课题组，2014)：

(1)快速人口老龄化阶段(1999—2022年)。中国在1999年进入老龄化社会，1999—2022年老年人口数量预计从1.31亿增至2.68亿，人口老龄化水平从10.3%升至18.9%(国家应对人口老龄化战略研究总课题组，2014)。此阶段的人口结构的典型特征是底部老龄化显著，少儿人口数量和比重持续减少，劳动力资源供给充裕。该阶段也是我国社会总抚养比相对较低的阶段，这有利于我国做好应对人口老龄化的各项战略准备，2022年之前是养老服务体系建设的战略机遇期。

(2)急速人口老龄化阶段(2022—2036年)。老年人口数量从2.68亿增至4.23亿，人口老龄化水平从18.9%升至29.1%(国家应对人口老龄化战略研究总课题组，2014)。此阶段的总人口规模达到峰值并转入负增长，老年人口规模增长最快，老龄问题集中爆发，是我国应对人口老龄化最艰难的阶段。

(3)深度人口老龄化阶段(2036—2053年)。老年人口数量从4.23亿增至4.87亿这一峰值，人口老龄化水平从29.1%升至34.8%(国家应对人口老龄化战略研究总课题组，2014)。此阶段总人口负增长加速，高龄化趋势显著，社会抚养负担持续加重并达到最大值(102%)，我国将成为世界上人口老龄化形势最为严峻的国家。

(4)重度人口老龄化平台阶段(2053—2100年)。全国老年人口增长期结束，由4.87亿减少到3.83亿，人口老龄化水平始终稳定在1/3左右(国家应对人口老龄化战略研究总课题组，2014)。这一阶段，少儿人口、劳动年龄人口和老年人口规模共同减少，各自比例相对稳定，老龄化高位运行，形成一个稳态的重度人口老龄化平台期。

老年人口的快速增加带动老年市场需求增长、老年相关产业发展，尤其对第三产业的需求大幅增长，因此，人口老龄化将促进产业结构调整，促进劳动力产业转移。

人口老龄化是世界各国社会人口发展的必然趋势，根据人口老龄化发展的需求，建立相对完善、符合社会发展需要的养老服务体系成为当务之急。因此，需要根据老龄人口的数量、比例、身体状况、收入差异、区位分布、需求差异、市场波动等主客观要素进行研究分析，建立符合社会发展和市场需求的养老政策和养老服务体系，以充分应对我国人口迅速老龄化的严峻形势，实现社会的平稳发展。

二、养老产业市场空间巨大

2017 年 3 月，国务院发布《“十三五”国家老龄事业发展和养老体系建设规划》，该规划提出到 2020 年，多支柱、全覆盖、更加公平、更可持续的社会保障体系更加完善，居家为基础、社区为依托、机构为补充、医养相结合的养老服务体系更加健全。2021 年 3 月，中共中央、国务院发布《国国民经济和社会发展第十四个五年规划和 2035 年远景目标纲要》，提出要“推动养老事业和养老产业协同发展，健全基本养老服务体系，大力发展普惠型养老服务，支持家庭承担养老功能，构建居家社区机构相协调、医养康养相结合的养老服务体系”。养老服务体系的建设需要养老产业的支撑，养老产业涵盖了老年人衣、食、住、行、乐、医等多种行业。2014 年，中国的养老产业规模为 4.1 万亿元，占 GDP(国内生产总值)的 7%；2016 年中国的养老产业市场规模约 5 万亿元；2019 年中国养老产业市场规模增长至 6.91 万亿元；预计到 2030 年，中国养老产业市场规模将超过20万亿元，我国将成为全球老龄产业市场潜力最大的国家。[①] 中国在老龄产业上的巨大市场是未来中国经济的重要的增长点之一。

急剧增加的老年人口数量，以及老年人消费能力、消费心态的变化，都将影响未来的养老市场形态和格局。从2020年到2030年新增加的老年人口都是60后老年人，与此前的老人相比，其收入水平、消费习惯、文化观念都有很大的变化，他们不但消费能力较强，而且也追求高品质的生活方式。20世纪60年代以后出生的这批老年人被称为“新老年人”，“新老年人”相较于先前的老年人群体的变化将会影响老年产品和市场开发理念、开发方向的调整。随着城市化进程和较长时期的独生子女政策的推行，“新老年人”时代的空巢老人、失独老人、独居老人和失能老人的比例大幅增加。目前，全国有4000万失能半失能老年人，在城市老年人口中，空巢老人的数量已经占到老年人口数量的一半以上。

第二节　养老服务需求结构分析

一、基本养老服务需求内容

老年人的需求主要包括经济支持、生活照料、医疗照护和精神慰藉四个方面，将这四个方面和马斯洛的五个需求层次相联系，再与我国的

---

① 工信部推进智慧健康养老建设产业空间巨大.[EB/OL].(2017-09-13)[2022-01-31].第一财经网.https://www.yicai.com/news/5344380.html,2017-09-13.

“五个老有”的养老目标相对应，可以建立如图 2-1 所示的老年人需求分类图。

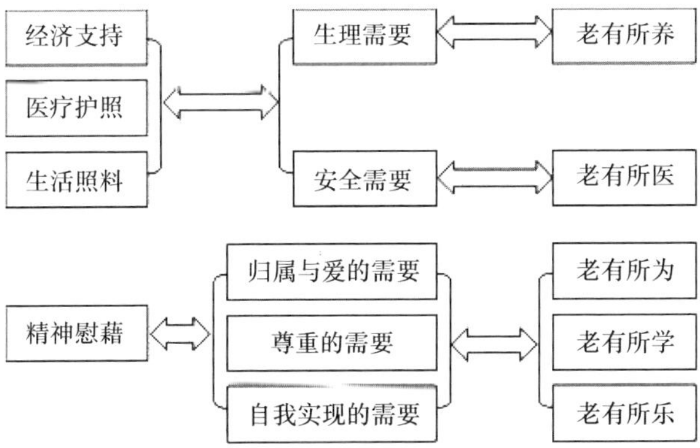

图 2-1　老年人需求分类图

根据老年人的需求，《中华人民共和国老年人权益保障法》明确了“五个老有”的养老目标，即“老有所养、老有所医、老有所为、老有所学、老有所乐”。要满足老年人所追求的生活目标，一方面要有充分的经济支持、生活照料、医疗照护以满足老年人的生理需求和安全需求，另一方面，需要尊重老年人和为其创造社会交往的条件和机会，提高老年人精神生活质量和满足其心理需求。此外，需要弘扬尊老、爱老、敬老的中华民族的传统美德，让老人都得到家庭和社会的尊重。

二、不同老年群体的需求

(一)低龄和活力老人的需求

在中国学界，60 岁以上 70 岁以下的老年人被称为青年老龄人，70 岁以上 80 岁以下的老年人为中年老龄人，80 岁以上的老年人被称为老年老龄人。60～69岁的老年人群体也被称为低龄老年人群，而年龄超过70岁，依然充满活力的老年人群体被称为活力老年人。老年人的服务需求是随着年龄、身体状况的变化呈现出线性的变化的。对于低龄和活力老年人，其健康状况良好，思维敏捷，活动能力还处于比较灵活的阶段，完全有条件参与社会发展。从需求看，低龄老年人和身体健康的老年人主要以居家养老为主，需要的机构养老服务相对较少，因而需要充分调动和配合现有的能整合的社会资源，给低龄和活力老年人提供适合其身体条件的再就业、人际交往、文体娱乐、医疗保健、健康管理、旅游消费、生活照顾方面的服务。而当身体机能衰退到一定程度时，尤其是处于半失能、失能阶段的老年人，尤其需要专业化的机构养老服务。总而言之，随着年龄的不断增长，老年人对专业化的服务需求程度越高。

（二）失独老人的需求

失独老人是指在中老年时期失去自己的独生子女的老年人。他们失去孩子，生活陷入困顿，是这个社会需要帮扶的特殊群体。因为受到巨大的精神创伤，失独老人们通常变得敏感、脆弱、封闭，不太愿意跟外界交流，生活往往失去目标。精神慰藉对他们而言尤其需要，他们需要相对安静的空间，以及特定的倾诉对象，比如心理医生。

（三）空巢老人的需求

空巢老人是指因为子女学习、工作、结婚离开家庭而独守空巢的老年人，他们有子女但不在身边。空巢老人往往害怕孤独、寂寞。但他们往往害怕影响子女的工作、生活，甘愿自我忍受寂寞孤独，甚至很多老人在身患疾病需要照顾时，也不愿意告知子女以避免子女担心。空巢老人缺乏亲情关爱，生活上由于年老体弱会面临诸多困难，精神上因为长期的思念与压抑而容易患上疾病，因而空巢和独居老人偏向于生活上的照料及情感陪伴。

（四）失能老人的需求

失能老人是指部分或完全失去了生活自理能力的老年人。这是一个真正的弱势群体，他们无法独立生活，必须依靠他人照顾，生活部分或完全不能自理，最容易被社会和家庭所抛弃。在精神上，他们有对家庭的愧疚，更渴望得到理解、关心、耐心。在生活上，他们最需要的是细心的照料、专业的护理，以减少身体带来的折磨。现阶段，失能老人仅仅依靠家庭照顾是不够的，因此需要社会更多地参与进来，奉献关心和爱心。解决失能老人的养老问题也是解决老年人养老问题的关键所在，对于失能老人而言，需要重点解决的是专业的医疗和护理问题。

（五）城乡老人的需求

城镇老人和乡村老人因生活环境、生活习惯、生活观念不同，养老观念也有很大不同。现阶段，我国乡村的发展与城镇相比还有较大差距，大部分乡村老人囿于所处地区的偏僻，与外界接触相对较少，生活经历单一，习惯依赖传统和经验，对新鲜事物的接受程度较差。受经济条件所限，他们的家庭负担较重，除了劳作，还得负担养育孙辈的责任。他们的养老观念是养儿防老，进养老院对他们来说是万般无奈的选择。由于乡村有较多的养老政策落实和养老服务资源配置不到位的情况，因此乡村老人养老的选择比较单一。他们的养老需求主要是解决生活所需，不给家庭带来负担，他们面临的最大的问题是养老金太低。在城镇，大部分老人还是习惯居家养老，跟儿女们生活在一起，但由于城镇的养老配套设施更加完善，老人们的养老选择更多样化，又因为经济条件更好，所以更多的城镇老人会愿意选择养老院进行养老。城镇老人更加注重生活质量，他们会更多地权衡身体状况和生活质量，选择最适合自己的养老方式。

三、养老服务需求分析结论

我国养老服务潜在需求大，养老产业是朝阳产业。老年人的需求结构正在从生存型向发展型转变。老年人的需求主要包括经济支持、生活照料、医疗照护和精神慰藉四个方面，这四方面的需求和“五个老有”（即老有所养、老有所医、老有所为、老有所学、老有所乐）的养老目标相一致。

根据前文所述，老年群体又可进一步进行细分，不同的老年人分别有不同的养老需求。居家和社区养老服务需求大，机构养老逐渐被接受，公办和民办养老机构提供定位不同的养老服务，所以要根据不同群体的特点为其提供相匹配的服务。经济条件较差的老年人则越来越依赖政府的政策性支持。因而对于经济条件一般、年龄稍大的老年人，其比较适合社会化的居家养老服务；对于年龄较大、经济条件较差的老年人，其比较适合政府政策性扶持的公办机构养老服务；以自助式、市场化为特征的养老服务的目标则应定位于年龄较小、经济条件较好的老年人。未来的机构养老设施主要分为两类：一类是政府投资的养老机构，该类机构优先保障孤老优抚对象，经济困难的孤寡、失能、高龄等老年人的服务需求；另一类是市场化的养老机构，该类养老机构可享受一定的政府优惠政策，多样化多层次开发老年公寓、养老院、托老所等养老机构，满足老年人的多样化养老需求。

此外，养老市场需求大，但需分清有效需求和潜在需求，提高老年群体的购买力是关键所在。政府应把工作重心放到低收入和中等收入老龄群体上，特别是广大农村老龄群体的养老建设上，加大财政支持力度，加强对社会资本的引导与调控。政府还应以居家和社区养老服务体系建设为重点，着力解决社会化服务供给不足、医养结合政策落地难、养老服务标准化体系有待完善、居民购买力不强、服务人才短缺、适老环境建设落后、跨部门协作格局未形成、农村养老服务体系不健全等最紧迫的问题。

第三章 养老服务体系建设概述

第一节　养老服务体系的发展历程

为了满足老年人的养老需要，积极应对人口老龄化，近几十年来我国一直在积极推进养老服务体系建设，尤其是党的十八大以来，颁布了一系列养老服务政策，有力推动了养老服务体系的发展。在此过程中，随着对养老问题认识的不断深入，养老服务体系建设内涵和建设目标不断深化和丰富。中国养老服务体系的建设与经济社会的改革变迁紧密相关，整个养老服务体系发展分成四个阶段（林宝，2021）。

一、第一阶段（2006 年以前）：提出建设服务体系

这一时期，尤其是改革开放之后，随着老龄工作日渐得到重视，有关部门开始出台老龄工作发展规划，对养老服务从政策设计上开始进行系统思考和顶层设计，并逐步认识到需要建设服务体系来满足养老服务需要，明确提出了“老年照料服务体系”“服务体系”等概念。与此

同时，相关部门也认识到社区在养老服务体系中的重要作用，先后提出了“以社区为中心”“以社区为依托”等原则，并且在相关政策领域提出“以居家为基础、以社区为依托、以社会福利机构为补充”。

1994 年 12 月，国家计划委员会、民政部等十部门联合印发了《中国老龄工作七年发展纲要（1994　2000 年）》（以下简称《老龄工作七年纲要》），明确提出了老龄工作的总指导方针，指出要“动员有关部门和全社会力量，调动广大老年人的积极性，从实际出发，有计划、有步骤地推进老龄事业的发展，实现老有所养、老有所医、老有所为、老有所学、老有所乐的目标”；明确提出要“积极兴办托老所、敬老院、福利院和各种照料老年人的社区服务组织，逐步形成以社区为中心的生活服务、疾病医护、文体活动、老有所为四大服务体系”。《老龄工作七年纲要》作为第一个全面规划老龄工作和老龄事业发展的重要指导文件，明确地提出了“服务体系”的概念，而且明确了服务体系所包含的基本内容及社区在养老服务体系中的重要位置，标志着我国养老服务体系建设正式启动。

2000 年 8 月，中共中央、国务院印发《关于加强老龄工作的决定》，明确提出“建立以家庭养老为基础、社区服务为依托、社会养老为补充的养老机制”，采用“养老机制”这一提法，并进一步明确了养老服务体系建设的目标。

2000 年 8 月国务院印发的《中国老龄事业发展“十五”计划纲要（2001—2005 年）》，在五个“老有”的基础上增加“老有所教”，扩展为六个“老有”；同时，提出“建立以城市社区为基础的老年人管理与服务体系”“初步建成养老设施网络”“初步形成以社区为依托的老年照料服务体系，提供全方位、多层次的服务”“建立社区为老服务的有效管理体制和服务队伍”等养老服务目标，进一步明确了老年人管理与服务体系、老年照料服务体系等概念。

二、第二阶段(2006—2016 年):明确建设“居家—社区—机构”三位一体的服务体系

这一时期,逐渐将服务体系从“为老社会服务体系”“老年人社会福利服务体系”等明确为“养老服务体系”,并且重点关注养老服务体系的结构和功能,将养老服务体系建设目标表述为建设“居家—社区—机构”三位一体发挥不同功能的体系,但是对于三者的功能,也存在一个逐渐深化认识的过程,特别是对机构养老功能的认识经历了补充—支撑—补充的变化过程。

在“十一五”时期的老龄事业发展方面,相关政策文件明确了养老服务体系是“以居家养老为基础、社区服务为依托、机构养老为补充”。2006 年 2 月,国务院办公厅印发的《关于加快发展养老服务业的意见》中明确提出“发展养老服务业要按照政策引导、政府扶持、社会兴办、市场推动的原则,逐步建立和完善以居家养老为基础、社区服务为依托、机构养老为补充的服务体系”。这是较早明确阐述“居家—社区—机构”三位一体养老服务体系建设目标的政策文件。2006 年 8 月国务院印发的《中国老龄事业发展“十一五”规划》,强调了“加快建立以居家养老为基础、社区服务为依托、机构养老为补充的老年人社会福利服务体系”,主要从社会福利的角度强调了要建成“居家—社区—机构”三位一体的养老服务体系。

在“十二五”时期的老龄事业发展方面,相关政策文件对机构养老的功能表述略有变化,从“以机构为补充”改为了“以机构为支撑”。2011 年 9 月国务院发布的《中国老龄事业发展“十二五”规划》提出“建

立以居家为基础、社区为依托、机构为支撑的养老服务体系”。2011 年 12 月，国务院办公厅发布了专门的《社会养老服务体系建设规划（2011—2015 年）》，仍然沿用“十二五”规划的表述，强调“社会养老服务体系建设应以居家为基础、社区为依托、机构为支撑”。2013 年 9 月，国务院发布的《关于加快发展养老服务业的若干意见》指出，“到 2020 年，全面建成以居家为基础、社区为依托、机构为支撑的，功能完善、规模适度、覆盖城乡的养老服务体系”。

但在有关国民经济和社会发展“十三五”规划的相关文件中，对养老服务体系建设目标的表述又恢复到之前的“以机构为补充”。2015 年 11 月发布的《中共中央关于制定国民经济和社会发展第十三个五年规划的建议》（下文简称《建议》）提出“建设以居家为基础、社区为依托、机构为补充的多层次养老服务体系”，其后，《中华人民共和国国民经济和社会发展第十三个五年规划纲要》沿用了这一表述。

三、第三阶段（2016—2019 年）：将医养结合纳入养老服务体系建设

这一时期，在原有的“居家—社区—机构”三位一体的基础上，将医养结合纳入养老服务体系的建设目标之内，解决医养分离的养老痛点问题。之所以强调医养结合，主要是为了解决因医养分离而影响养老质量的问题。在老年阶段，随着生理机能的老化和慢性病的增多，老年人对医疗服务的依赖程度也显著提高，对养老服务和医疗服务的结合有迫切的需求。然而，由于优质医疗资源总体不足和配置失衡，看病难问题在社会上普遍存在。

为此，在 2016 年 5 月十八届中共中央政治局第三十二次集体学习

时，习近平强调“要积极发展养老服务业，推进养老服务业制度、标准、设施、人才队伍建设，构建居家为基础、社区为依托、机构为补充、医养相结合的养老服务体系，更好地满足老年人养老服务需求”。这是第一次将养老服务体系建设的目标概括为“构建居家为基础、社区为依托、机构为补充、医养相结合的养老服务体系”。此后，这一时期出台的养老相关文件均按此来表述社会养老服务体系建设目标。2017 年国务院印发的《“十三五”国家老龄事业发展和养老体系建设规划》将“居家为基础、社区为依托、机构为补充、医养相结合的养老服务体系更加健全”列为“十三五”时期老龄事业发展和养老体系建设的主要发展目标之一。

四、第四阶段(2019 年至今):强调居家、社区、机构的协调性和康养结合

这一时期，关于养老服务体系建设目标最显著的两个政策变化是：其一，强调居家、社区、机构的协调性；其二，在保留医养结合的基础上，增加了康养结合，变成“医养康养相结合”。强调居家、社区、机构的协调性，原因在于无论是家人提供的家庭养老服务，还是社区提供的社区日间照料、短期托养或上门服务，抑或养老机构提供的机构养老服务或上门服务，都应为居家养老或机构养老的老年人提供满足其需要的养老服务，即强调家庭、社区、机构应相互协调、互为补充，为老年人提供养老服务。而强调“医养康养相结合”，则是意在为老年人提供生命历程中所需的各项健康支持，以达到不仅改善老年人的身体健康，也促进老年人的能力发挥的目的。通过“医疗、照护与环境”相结合的公共卫生服务体系建设，应实现满足老年人的多层次健康需求、保障老年人的

长期照护权利和建设老年友好社会三重政策目标(杜鹏,董亭月,2015)。

2019年10月召开的党的十九届四中全会通过的《中共中央关于坚持和完善中国特色社会主义制度、推进国家治理体系和治理能力现代化若干重大问题的决定》明确提出"积极应对人口老龄化,加快建设居家社区机构相协调、医养康养相结合的养老服务体系",首次将"医养康养相结合"作为养老服务体系的建设目标之一。2020年10月召开的党的十九届五中全会通过的《中共中央关于制定国民经济和社会发展第十四个五年规划和二〇三五年远景目标的建议》同样提出"构建居家社区机构相协调、医养康养相结合的养老服务体系"。2021年3月召开的十三届全国人大四次会议通过的《中华人民共和国国民经济和社会发展第十四个五年规划和2035年远景目标纲要》仍然沿用了这一表述。

参照党和政府对养老服务体系建设目标的政策定位,笔者将养老服务体系界定为:居家社区机构相协调、医养康养相结合的养老服务体系。在这个服务体系中,结合居家、社区、机构养老服务资源供给状况,重新定位家庭、社区、机构各环节的核心任务,打破服务界限,构建居家、社区和机构相协调、一体化的服务体系,为不同年龄阶段不同健康状况的老年人提供精准化、关联性、整体性的养老服务。

第二节 养老服务体系建设的重要意义

当前构建居家社区机构相协调、医养康养相结合的养老服务体系是贯彻习近平新时代中国特色社会主义思想的内在要求,是我国积极应对人口老龄化的积极举措，也是扩大内需、促进消费的重要手段，对于保障和改善民生，增强老年人参与感、获得感和幸福感，实现全面建成小康社会奋斗目标具有重要战略意义。

一、全面贯彻习近平总书记关于积极应对人口老龄化重要思想的内在要求

习近平总书记强调，有效应对我国人口老龄化，事关国家发展全局，事关亿万百姓福祉。在 2016 年 5 月的十八届中共中央政治局第三十二次集体学习时，习近平总书记强调要"要积极发展养老服务业，推进养老服务业制度、标准、设施、人才队伍建设，构建居家为基础、社区为依托、机构为补充、医养相结合的养老服务体系，更好满足老年人养老服务需求"。党的十九届四中全会和党的十九届五中全会都明确提出"积极应对人口老龄化，加快建设居家社区机构相协调、医养康养相结合的养老服务体系"。建设新时代中国特色养老服务体系是全面贯彻习近平总书记关于积极应对人口老龄化重要思想的内在要求。

二、养老服务体系建设是提高老年人生活质量的重要着力点

相较传统养老，新时代的养老服务对象和养老需求都发生了很大的变化。从服务对象上看，随着社会的发展、计划生育政策的后置效应和城镇化的推进，家庭养老功能式微，养老服务对象不再局限于"三无老人"，而是全社会的老年人。从养老服务需求来看，老年人对于养老服务的需求也越来多样化和个性化。加强养老服务体系建设，是应对

人口老龄化、提高老年人生活质量的必然要求，是适应传统养老模式转变、满足老年人养老需求的必由之路，是让老年人安享晚年生活，促进社会和谐稳定，增强老年人参与感、获得感和幸福感的当务之急。因此，需要从国家、社会、个人等诸多层面探寻相应的措施，构建适合中国国情的养老服务体系，确保实现老年人的“老有所养、老有所医、老有所学、老有所教、老有所乐、老有所为”（张瑾，2018）。

三、养老服务体系建设是扩内需、促消费的重要手段

养老服务是一个涉及面广、产业链长的综合体系，涵盖满足老年人生活需求的衣食住行的日常照料、满足老年人健康需求的护理服务和医疗服务、满足老年人精神文化需求的文化娱乐、满足老年人在经济和社会生活中扮演重要角色的支持系统等多个行业领域，在促进生产、拉动消费、稳定就业等方面发挥着重要作用。我国老年群体数量庞大，老年人用品和服务需求巨大，老龄服务事业和产业发展空间十分广阔。未来“银发经济”将成为经济新常态下推动经济发展的重要引擎，养老产业是极具市场价值和开发潜力的“朝阳产业”和新兴产业。

四、养老服务体系建设是优化产业结构的重要举措

构建居家社区机构相协调、医养康养相结合的养老服务体系需要养老产业和养老事业提供的硬件设施和软件服务的支撑。社会养老产业具有链条长、涉及领域广的特点，在我国老龄化日益严重的情况下，养老产业作为第三产业的重要组成部分，将迎来大发展机遇。经济新常态的一个重要特征就是：在强大内需的拉动下，第三产业高度繁荣，

带动第一产业和第二产业健康发展。为适应当前我国经济环境和经济形势的变化，要深入挖掘各产业内部结构的变化，细化产业的特点，采取针对性的措施。

养老产业是综合性服务业，在当前中国外贸乏力、内需不振的形势下，大力发展养老产业一方面能够为老年人提供充足及时的养老服务，另一方面也能够调整产业结构、刺激消费、促改革、惠民生。把大力发展养老产业作为经济新常态下转型升级、优化产业结构的突破点，是非常明智的战略选择。

五、养老服务体系建设是确保社会和谐稳定的基石

独生子女的制度和家庭户小型化的趋势，导致了独生子女家庭需要面对四个老人的养老压力，以往的家庭养老模式难以维持。如果老年人的供养存在危机，那么社会的安全感就会减弱，这不利于社会的稳定。

发展居家和社区养老服务，完善社会保障体系，是促进社会稳定、构建和谐社会的有力举措。随着民生建设进程的加快和老年群体的快速增长，过去的利益格局将会发生巨大变化，在经济社会转型过程中保障老年人的利益，是确保社会和谐稳定的重要基础。

第三节　养老服务体系建设面临的挑战

我国养老服务体系的建设目标是满足所有老年人的养老服务需求，提高老年人的生活质量。随着老年人口规模的日益庞大，老龄化的

速度加剧、程度加深，养老服务需求总量也相应激增。此外，随着社会的发展，老年人养老服务需求日益多样化，且老年人口在不同年龄段的养老服务需求结构也有所改变。庞大的养老服务需求总量和多样化的养老服务需求结构对我国经济、社会、文化、教育、医疗等各个领域都会带来巨大影响，同时，也会对我国养老服务体系中的顶层制度设计、养老服务模式以及养老服务内容提出新的挑战。

一、顶层制度设计面临的挑战

养老服务体系的顶层制度包括与养老服务相关的法制建设、政策规划、服务标准、服务理念以及保障监管等。人口老龄化程度的加剧，要求我国政府建立完备的法制体系以对社会养老服务参与者予以规制，引导符合老龄化形势的养老服务发展理念逐步形成，以政策规划扶助实施，最后用严密的监管手段保障养老服务供给的公平和效率，使得整个社会养老服务体系有序且高效地运行。

老龄化社会的到来要求我国政府加强立法和政策制定来规范社会养老服务体系的运行秩序。我国已出台一定数量的规范性法律文件，在一定程度上推动了社会养老服务的有序开展。但与此同时，立法层级低、可操作性差等现实问题亟待解决。一方面，我国除《老年人权益保障法》以外，还未制定一部专门的养老服务法律，规范养老服务的相关依据多散见于不同层级的规范性法律文件之中。由于我国缺少专门针对养老服务的法律规定，对养老服务主体行为、服务内容等缺少法律的制约，在出现问题和纠纷时难以归责，因此老年人维权难现象频发。另一方面，就我国目前已发布的政策来看，对养老服务各供给主体的职能边界尚未有清晰的界定，家庭、政府、市场以及社会组织的责任划分较为模糊。

老龄化社会的到来要求社会养老服务理念的变革。我国要实现从生存到尊重的养老服务理念的转变，以及多方养老服务供给主体的协调发展。在新中国成立初期，社会服务的发展没有得到充分的重视。进入老龄化社会后，亟须解决的问题便是养老服务的供给如何与老年人养老服务需求进行对接，充分满足老年人的日益增长和丰富的养老服务需求。如果处理不当，不仅会导致家庭纠纷、亲情疏离和社会冲突，还会影响经济发展，甚至会导致严重的政治问题（陈宁，2018）。家庭养老难以为继，政府对养老不堪重负，因此亟须社会力量的积极参与，共同承担起庞大的老年群体的养老服务需求。政府需要从“幕前”转向“幕后”，从养老服务的直接供给者转变为社会养老服务体系的运行规则的制定者、发展的引领者。政策制定要与实际需求对应，政府负责基本公共服务，将高端服务和个性化服务开放给市场和社会主体（肖俊，2017）。

二、养老服务供给模式面临的挑战

家庭养老是我国传承千年的传统养老模式，但是老龄化社会要求我国采取更多元的养老方式和养老服务供给模式。

就养老服务供给模式而言，当前主要有居家养老服务、社区养老服务、机构养老服务。就养老方式而言，在当前的养老实践中，主要包括居家养老、社区养老、机构养老这三种养老方式。但是以居住形态为标准进行划分，实际上目前我国最基础的两种养老方式是居家养老和机构养老。而当前被理解为“社区养老”的社区日间照料和短期托养，可以看作是居家养老和机构养老二者的结合（从某一角度来看，老人的社区养老或是居家或是在机构)(林宝,2021)。但如果仔细分析就会发现,将社区养老与居家养老、机构养老并列作为一种养老方式的说法并不严谨。严格来说,社区养老并不是一种独立的养老方式(青连斌,刘天昊,2021)。就目前我国的居家养老、社区养老、机构养老三种养老方式而言,以居家养老为主,三者的作用各有侧重,亦各有利弊。居家养老、社区养老由于其不离家的养老方式,能满足老年人的情感需求,但由于家庭功能的不断弱化,会出现生活照料困难、服务不完整等问题;机构养老能满足老年人的生活照料以及医疗保健需求,对于身体健康状况较差的老年人而言,可以较好地满足其生存需求,但精神慰藉服务十分欠缺。目前我国三种养老方式彼此相对独立,没有形成互补机制,无法同时满足老年人的生活、健康、精神等需求,与医疗服务的结合也并不完善。面对老龄化社会的挑战,为满足老年人养老服务需求,养老服务体系应做到两个一体化:一是医院和养老院的一体化,二是机构养老、社区养老与居家养老三种养老方式的一体化(钱学明,2018)。此外,要将居家养老服务作为养老服务体系建设的重点和重心。受传统观念影响,我国多数老年人更倾向于在家中养老,完善的居家养老服务能够满足大部分老年人的养老服务需求;而社区养老服务设施和服务功能的完备,能够对居家养老服务形成有力的支撑;对于无法在家享受养老服务的老年人,则由养老机构为其提供所需的养老服务。三种方式共同承担养老责任,互相弥补不足,才能协调供给养老服务。很长一段时间内,我国养老服务体系将三种方式间的关系定位为:以居家养老为基础,社区养老为依托,机构养老为补充(支撑)。随着老龄化程度加深,党的十九届四中全会、五中全会都对养老服务体系进行了新的目标定位:构建居家社区机构相协调、医养康养相结合的养老服务体系。当前亟须完善居家养老服务,不断加强社区养老服务设施建设,丰富社区养老服务供给内容，加快养老机构与医疗机构的融合进程。

三、养老服务内容面临的挑战

首先，在我国社会进步、经济发展的新时期，老年人受家庭、身体、收入等因素影响，对社会养老服务内容的需求不断增加和丰富。老年人口数量的激增，致使社会保障压力明显增大。孙碧竹(2019)从我国人口老龄化的发展特点切入进行研究，发现高龄老年人数增多，其身体健康状况不断下降，由此引发的医疗保健需求不断攀升。宋晨晓等(2018)对广东、四川、江苏以及湖北四个省份的老年人医疗服务使用情况的研究表明，老年人患病率为75.44%，其中慢性病患病率为64.24%，因而老年人的疾病患病率整体较高，对医疗服务的需求也较高。2015年全国1%人口抽样调查的数据显示，城乡失能、半失能老年人占老年人口的18.3%。面对如此高的医疗需求，我国卫生医疗事业的发展却并不理想，尤其是老年人看病难、看病贵的问题异常突出。有数据显示，我国约有3250万老年人需要不同形式的长期护理、照护服务，经济越发达的地区，养老护理需求越高。但是目前专为老年人提供医疗服务的机构和设施严重不足，服务项目和服务内容不全，收费水平不合理，医疗服务人员的匮乏以及专业水平不高，无法满足老年人的医疗保健需求，是我国养老服务内容方面亟待改进的问题。

其次，家庭规模缩小，空巢老人和失独老人数量的增长，使得老年人日常照料的需求不断增加。老年人的日常生活照料需求通常不是某一个方面的，而是多方面的，比如一个老人通常会有疾病照料需求，又会有心理照料需求，也可能会有家务照料需求。家庭自身难以提供全面化的照料服务，应当以鼓励社会组织和民间资本兴办居家养老服务专业机构为基础，积极引导养老服务企业实行规模化、网络化、品牌化经营；以居家为基础、社区为依托、机构为支撑，把居家养老、“抱团”养老等纳入服务网点，为老年人提供紧急呼叫、家政预约、远程医疗等服务项目。

最后，精神慰藉需求的增加是我国社会养老服务内容面临的一项新的挑战。我国的精神慰藉服务严重不足。随着老龄化加剧，空巢老人、独居老人逐渐增多，原本由子女提供的精神慰藉类照料已经无法满足老年人需求，与子女同住或子女在身边的老年人由于代际差异存在一定的沟通障碍，老年人通过家庭获得的精神慰藉效果逐渐降低，需要借助社会力量进行供给。空巢老人、独居老人由于缺少沟通和交流的对象，容易产生孤独感，进而有“被遗弃感”，对自我价值产生怀疑，长此以往，情绪低沉和烦躁不安容易易引发精神疾病。老年人在刚退休、与子女分离、逐渐失能这几个时间点是心灵较为脆弱的时期，也最容易产生孤独感。精神慰藉服务十分需要通过社会力量建立多渠道的服务供给路径，以此促进老年人的心灵健康以及代际和谐。

第四节　养老服务体系建设现状

养老服务体系是在相关法律法规、规章制度和政策措施等的保障下，通过居家养老服务、社区养老服务和机构养老服务等多元模式，向全体老年人提供生活照料、经济援助、医疗保健、精神慰藉等养老服务内容的有机整体和综合系统；也是指为满足老年人日益增长的养老服务需求，由家庭、政府、市场以及社会力量等养老服务供给主体为全体老年人提供的各种服务以及支持养老服务供给所需的制度、人力、资金等所构成的有机整体。

一、养老服务制度建设的现状

就养老服务体系而言，制度建设能够协调养老服务对象、养老服务供给主体以及养老服务内容之间的关系，保障养老服务从生产到供给全过程的公平高效，进而提高整个体系的运行效率，最终实现满足全体老年人养老服务需求的目标。本研究对养老服务体系顶层制度设计的论述主要围绕国家的法制建设、政策规划、理念转变以及监管变革四个方面进行。

（一）法制建设

法制是一个多层次的概念，它不仅包括法律制度，而且包括法律实施和法律监督等一系列活动过程。进行社会养老服务体系的法制建设，要通过法律和制度引导社会养老服务供给，规制体系健康发展。从立法方面来看，我国已制定了有关老年人的专门法律——《老年人权益保障法》，在《宪法》、《民法通则》以及《婚姻法》等多项法律中也有保障老年人权益的相关法条。从制度方面来看，我国已建立起基本养老保险、企业补充养老保险和商业养老保险相结合的多层次养老保险制度。

1.老年人的相关立法

《老年人权益保障法》是为保障老年人合法权益，在我国经济快速发展以及老龄化程度持续加深的现实条件下制定的法律。1996 年颁布的《老年人权益保障法》从立法宗旨、家庭养老、社会保障、积极养老、法律援助五个部分对与老年人相关的各种权益做出法律规范。养老是每个人都拥有的权利，我国 1954 年颁布的《中华人民共和国宪法》就明确了公民的养老权利，如第四十四条规定：“国家依照法律规定实行企业事业组织的职工和国家机关工作人员的退休制度，退休人员的生活受到国家和社会的保障”；第四十五条规定：“中华人民共和国公民在年老、疾病或者丧失劳动能力的情况下，有从国家和社会获得物质帮助的权利”；第四十九条规定：“父母有抚养教育未成年子女的义务，成年子女有赡养扶助父母的义务”。这些法条明确了我国老年人依法享有赡养权，以及国家和社会提供的养老社会保障权，确认了公民养老权利的宪法地位。

2000年我国进入老龄化社会，老年人口数量迅速增加，老龄化程度不断加深，养老问题呈现出多样化、复杂化等特点，为了更好地为老年人养老提供立法支持，《老年人权益保障法》进行了多次修正和修订。2013年，新修订的《老年人权益保障法》开始实施，新法内容较老法扩展了35条（从50条扩展到85条），更加重视老年人家庭赡养与精神慰藉，新增社会优待、社会服务和宜居环境三大部分内容，更贴合老年人的养老服务需求，法律规定涉及的范围更加广泛。2018年对《老年人权益保障法》的修订侧重于养老服务方面，强调深化养老服务“放管服”改革，推进养老服务发展。

除《老年人权益保障法》，在我国其他的法律，如《民法典》《刑法》《社会保险法》《诉讼法》等中也有针对保护老年人权益而设立的法条，为社会养老服务体系建设提供了立法支持。例如，《民法典》第1041条规定：“保护妇女、未成年人、老年人、残疾人的合法权益”；《刑法》第260条规定：“虐待家庭成员，情节恶劣的，处以两年以下有期徒刑、拘役或者管制”，第261条规定：“对于年老、年幼、患病或者其他没有独立生活能力的人，负有扶养义务而拒绝扶养，情节恶劣的，处五年以下有期徒刑、拘役或者管制”；《社会保险法》第18条规定：“国家建立基本养老金正常调整机制。根据职工平均工资增长、物价上涨情况，适时提高基本养老保险待遇水平”;《民法典》第1067条规定:“父母不履行抚养义务的,未成年子女或者不能独立生活的成年子女,有要求父母给付抚养费的权利。成年子女不履行赡养义务的,缺乏劳动能力或者生活困难的父母,有要求成年子女给付赡养费的权利。”以上立法从多方面为保护老年人的权益提供了法律依据,使得老年人在避免遭受利益侵害时有法可依。

2.养老保障的相关制度

随着经济的不断发展,我国社会养老保险制度经历了多次变革。从无到有,从国家机关单位与企业的“双轨制”待遇到农村和城镇居民以及企业保险制度的统一,从单一结构的养老保险制度到基本养老保险制度、企业年金制度与商业保险制度多层次发展的变化,逐步加强了对老年人的经济保障。

新中国成立初期,我国颁布了《中华人民共和国劳动保险条例》,这标志着我国养老保险事业的诞生。最初的养老保障制度具有明显的计划经济特征,参与社会保险的对象为国家机关、事业单位人员、国营企业、公私合营以及私营企业的员工,社会保险的费用由企业承担,职工在退休之后,满足工作年限要求的,可以每月按工龄领取养老补助金。

改革开放后,伴随我国经济体制的转变,确定了由国家、企业、个人三方共同筹集养老保险资金的制度。我国逐步建立起基本养老保险、企业补充养老保险和职工个人储蓄性养老保险相结合的制度,改变养老保险不再完全由国家、企业承担,而是由国家、企业、个人三方共同负担,职工个人也要缴纳一定的费用。我国的养老保障制度也随之进行改革,进一步放宽退休标准,提高退休待遇,但此时国家机关、事业单位与企业重新实行了“双轨制”的待遇。

多年的改革发展,彻底转变了养老保险制度的多样格局,完成了养老保险制度的统一化。1998年开始，我国建立了全国统一的企业职工基本养老保险制度，实行“社会统筹和个人账户相结合”的养老金制度模式，实现了全国养老保险制度及标准的统一。2008年，我国开始建设新型农村社会养老保险制度，弥补了农村养老保障制度的缺失；2011年，我国开始建设城镇居民养老保险制度；2014年，我国将上述两项制度合并实施，使得农村和城市居民的社会养老保障从无到有，在较短时间内彻底解决了农村和城市居民一直处于养老无保障状态的制度困境，其后建立了统一的城乡居民社会养老保障制度，实现了养老保障制度统一化。2015年发布的《关于机关事业单位工作人员养老保险制度改革的决定》，决定从2014年10月开始，机关事业单位实行基本养老保险制度，结束了企事业单位“双轨制”运行局面。

近些年来，我国养老保障制度不断完善，并正在全面开展全民参保计划，推进我国养老保障从“制度全覆盖”迈向“人群全覆盖”。养老保险覆盖范围逐步扩大，参保人数逐年增长，养老金也持续增加。根据人社部公布的《2016—2018年度人力资源和社会保障事业发展统计公报》，全国参加基本养老保险的人数已经从2016年的8.59亿人上升到2018年的9.42亿人，其中，城镇职工基本养老保险制度参保人数从2016年的3.54亿人上升到2018年的4.19亿人，增速逐渐放缓，城镇居民社会养老保险制度参保人数从2016年的5.05亿人相应地上升到5.24亿人。

（二）政策规划

政府作为公共利益的代表，在公共物品供给中责无旁贷。由于养老服务具有准公共物品的属性特征，政府在其供给过程中的责任更是无可替代。国家发布的各项养老服务政策为化解养老服务供需矛盾、引导和规范养老服务提供了有力支撑，是保障社会养老服务体系有序发展的关键。自我国进入老龄化社会以来，社会养老服务政策便随即进入了快速发展期，国家各部委陆续出台多项政策支持和引导养老服务的发展。通过对多项政策的研究分析可以看出，养老服务政策多由政府多部门合力制定，同时政策内容趋于全面，保障性政策增多，不断加强对老年人的保障。

1.养老服务政策的快速发展期

2000年我国正式进入老龄化社会，老年人的养老服务需求愈发受到重视，国家各部委开始陆续出台政策以应对老龄化的现实，社会养老服务的政策进入快速发展期。2000年国务院下发的《关于加强老龄工作的决定》，首次提出社会养老服务体系的建设机制，明确“建立家庭养老为基础、社区服务为依托、社会养老为补充的养老机制”，对于养老服务体系的发展路径给出了较为明确的指引，提出要以社会化和产业化方式来发展养老服务业，养老服务的供给需要社会各方面力量的共同参与。2005年，为引导鼓励社会力量参与养老服务，政府在全国开展养老服务社会化示范活动，并出台了《关于支持社会力量兴办社会福利机构的意见》《关于加快发展养老服务业的意见》等政策。2011年下半年，政府出台了《关于印发社会养老服务体系建设规划（2011—2015年）的通知》，提出“十二五”期间养老机构要重点推进供养型、养护型、医护型养老设施建设。

2013—2018年，是我国社会养老服务政策出台较为密集的时期。多项引领社会养老服务体系发展方向的重要政策陆续出台。2013年国务院出台《关于加快发展养老服务业的若干意见》，提出“要全面建成以居家为基础、社区为依托、机构为支撑的，功能完善、规模适度、覆盖城乡的养老服务体系的发展目标”。2015年卫生计生委、民政部等9个部委联合出台《关于推进医疗卫生与养老服务相结合指导意见的通知》,提出医养结合的养老服务模式,要求建成一批兼具医疗卫生和养老服务资质及能力的医疗卫生机构或养老机构,提高居家养老老人的医疗服务水平。2016年发布的《民政事业发展第十三个五年规划》提出"十三五"期间要实现我国养老机构的护理型床位比例不低于30%的目标。2019年3月,国务院办公厅印发《关于推进养老服务发展的意见》,提出要持续完善居家为基础、社区为依托、机构为补充、医养相结合的养老服务体系。2019年11月中共中央、国务院印发了《国家积极应对人口老龄化中长期规划》,规划近期至2022年,中期至2035年,远期展望至2050年,提出了我国积极应对人口老龄化的战略任务。2021年11月18日中共中央、国务院通过《中共中央国务院关于加强新时代老龄工作的意见》,提出要实施积极应对人口老龄化的国家战略,把积极老龄观、健康老龄化理念融入经济社会发展全过程,加快建立健全相关政策体系和制度框架,大力弘扬中华民族孝亲敬老传统美德,促进老年人养老服务、健康服务、社会保障、社会参与、权益保障等统筹发展,推动老龄事业高质量发展,走出一条中国特色积极应对人口老龄化道路。2021年12月国务院印发《"十四五"国家老龄事业发展和养老服务体系规划》,提出构建和完善兜底性、普惠型、多样化的养老服务体系,不断满足老年人日益增长的多层次、高品质健康养老需求。在政策制定数量不断增多的同时,政策的内容和针对方向也愈渐广泛,对老年人的全方位生活以及社会养老服务体系建设的各个方向进行了规范和引导。2022年3月国家卫生健康委等15个部门联合印发了《"十四五"健康老龄化规划》,提出完善身心健康并重的预防保健服务体系等9项任务,为进一步落实医养康养相结合的养老服务体系建设目标提供了政策支持。

2.养老服务政策的特点

在我国养老服务体系的快速发展期，中央政府、国家各部门以及地方政府等各个层级制定下发的养老服务相关政策数量颇多，政策的针对方向与内容不尽相同。本研究通过对中央政府及所属的各部委公开的文件资料进行搜索，筛选出面向全国的，与养老服务直接相关的，包含规划、通知、意见、办法等形式的政策文件，分析出我国现行社会养老服务政策存在多部门合力出台政策套餐、政策内容趋于全面以及保障性政策不断增多等特点。

一是政府部门协同联动，合力出台政策套餐。国务院、民政部、全国老龄委、财政部、卫健委、国家发展和改革委员会等 27 个部门参与养老服务相关政策的制定。其中，民政部单独行文与联合行文的政策数量最多，国家发改委均以联合发文的形式出台政策，多项政策文件由七部门、九部门、甚至十一部门等联合发布。总的来说，由于养老服务政策涉及社会福利、财政税收、体制改革等多方面的内容，依靠单个部门的“一己之力”，很难制定出有效的政策，需要多角度、多方位、科学合理地制定养老服务相关政策。政府部门协同发力，有利于形成政策合力，充分发挥应有效用。

二是政策内容趋于全面。我国现行的养老服务政策已涉及居家和社区养老、机构养老以及医养结合等多方面。有关机构养老的政策数量最多，《养老机构管理办法》更是以行政法规的形式对养老机构的设立和管理进行规范，具有更强的法律效力。养老机构的远程医疗政策以及公办养老机构的试点改革工作也已经逐步开展，以更加全面完善地推进养老机构服务。民政部和财政部颁布的《关于中央财政支持开展居家和社区养老服务改革试点工作的通知》，以实际政策支持居家和社区养老服务发展。由于医养结合尚处于探索阶段，卫健委等部门下发的《关于推进医疗卫生与养老服务相结合的指导意见》,引领规划了医养结合发展路线。政府颁布的《养老机构服务质量基本规范》《养老机构等级划分与评定》等文件,也促使养老机构服务质量得到显著改善。住房和城乡建设部制定出台了《城市道路和建筑物无障碍设计规范》《无障碍设计规范》《社区老年人日间照料中心设施配置》《养老设施建筑设计规范》《养老机构安全管理》《养老机构基本规范》等标准,将老年人无障碍环境改造建设纳入标准内容。

三是保障性政策增多,对老年人的关爱保障不断增强。为落实《国务院关于印发〈“十三五”国家老龄事业发展和养老体系建设规划〉的通知》和《国务院办公厅关于推进养老服务发展的意见》的要求,政府又颁布了《关于建立健全经济困难的高龄、失能等老年人补贴制度的通知》《关于2018年提高全国城乡居民基本养老保险基础养老金最低标准的通知》《关于2018年调整退休人员基本养老金的通知》《关于建立企业职工基本养老保险基金中央调剂制度的通知》等政策,以补贴、提高养老金的方式为老年人提供资金支持,切实增强老年人的养老经济实力。各级政府建立健全了定期巡防独居、空巢、留守老年人工作机制,积极防范和及时发现意外风险;进一步强化家庭主体责任,突出以经济困难家庭的高龄、失能和空巢留守老年人为重点服务对象,开展精准关爱服务;支持家庭成员和亲友对留守老年人给予生活照料和精神关爱,提高子女或其他赡养人的守法意识,鼓励邻里乡亲为留守老年人提供关爱服务。各地还因地制宜,将关爱服务体系建设纳入养老服务体系、脱贫攻坚战略、基层治理体系中统筹落实,并及时总结推广典型经验。此外,政府还加快推动信息系统建设,研发全国统一的留守老年人信息管理系统,运用大数据分析农村留守老年人的需求,为精准帮扶、精准关爱提供数据支撑;利用移动互联网、物联网等现代技术搭建高效、便捷、适用的智能服务网络平台,畅通留守老年人与子女之间的亲情沟通的渠道。

3.理念转变

我国社会养老服务体系在建设和发展的过程中,发展理念依据国家客观发展状况也产生了相应的转变:养老服务对象范围由“救济”到“普惠”,社会养老服务体系发展地位由“配角”到“主角”,养老服务供给主体由“一元”到“多元”。

(1)养老服务对象范围由“救济”到“普惠”

随着我国经济体制的转变,老龄化程度的不断加深,社会养老服务体系发展理念的不断更新,我国养老服务对象范围经历了由“救济”到“普惠”的转变。

自新中国成立以来,社会发生了新旧制度的交替。新中国成立初期,国家百废待兴,人民生活水平极低,发展以经济建设为中心,国家提供的养老服务仅仅是救济性和兜底性的,无力覆盖全体老年人。在计划经济体制的背景下,从养老服务的对象出发,可以将养老服务主要分为两类:一是为企业员工建立国家、企业统筹统包的劳动保险条例;二是开展针对困难老人的救济型养老服务,如在城市建立福利院或者敬老院收养孤寡“三无”老人,在农村通过集体合作社或者人民公社收养困难老人,或者兴建敬老院来解决孤寡“五保”老人的养老问题。随后多年内,我国养老服务供给一直以“救济”、“补缺”以及“配套”为主。

2011 年发布的《中国老龄事业发展“十二五”规划》明确提出,要发展“适度普惠型”的老年社会福利事业。2015 年 10 月召开的党的十八届五中全会提出“共享”发展理念,该理念包含了“坚持发展为了人民、发展依靠人民、发展成果由人民共享,使全体人民在共建共享发展中有更多获得感”的思想,以及要建成一个可感知、可享受、可念可及的全面小康社会的目标。共享即是均等地满足所有老年人的养老服务需求，我国的养老服务对象已经从重点老年人群逐步延伸到所有老年人群。

(2)养老服务发展地位由“配角”到“主角”

养老服务是我国新中国成立以来便存在的，但起初并不是国家发展的重心，在我国进入老龄化社会后，养老服务事业的地位逐渐提高，我国在将老龄事业管理机构设置、养老服务重要性、老龄事业的社会建设工作纳入我国特色社会主义事业总体布局等方面完成了养老服务发展地位由“配角”到“主角”的转变。

首先是老龄事业管理部门的设立的逐步完善。1949 年我国设立内务部，主要管理民政工作，1978 年设立中华人民共和国民政部，负责民政等社会建设，具体指导我国养老服务的管理与发展。1983 年，国务院批准中国老龄问题全国委员会为常设机构，至此老龄工作有了正式的管理组织机构。1995 年中国老龄问题全国委员会改名为中国老龄协会，由民政部代管，为国务院副部级事业单位。2005 年，全国老龄工作委员会办公室与中国老龄协会实行合署办公，以全国老龄工作委员会办公室的名义开展工作，老龄委下设办公室在民政部。至此，我国养老服务体系发展有了明确的政府管理部门，老龄工作以及养老服务的发展被纳入国家统一规划的系统，由此可见，老龄工作的发展地位已上升到国家层面。

其次是逐步将包含老龄事业的社会建设工作纳入中国特色社会主义事业总体布局。1994 年我国政府颁布了《中国老龄工作七年发展纲要》，明确把老龄事业纳入经济社会发展的总体规划和可持续发展战略之中。2007 年召开的党的十七大上提出了建设经济、政治、文化、社会“四位一体”的中国特色社会主义事业总体布局，并将以改善民生为重点的社会建设提上重要日程；此外，还在大会报告中明确提出了要从加强社会建设的角度,重视老龄工作。至此,涵盖养老服务的社会建设工作被提到国家战略层面,我国开始从社会建设的整体出发规划布局我国养老服务体系的发展,养老服务从“配角”逐步变为“主角”之一。

(3)养老服务供给主体由“一元”到“多元”

我国养老服务经历了由家庭为供给主体,政府兜底“三无”老人等困难老人的供给模式,转变为由国家、市场、社会等力量多元化供给的格局,实现了供给主体的“一元”到“多元”转变。

尊老爱老是我国自古以来的传统美德,孝道伦理亦是深入人心。新中国成立初期,我国经济低迷,百废待兴,国家整体发展方向集中到以经济建设为中心,老年人的养老责任便主要由家庭承担。国家兴办的各类福利机构只承担无劳动能力,无依无靠,无法维持生活的残、老、孤、幼人。

1983 年全国第八次民政工作会议明确提出“社会福利事业国家可以办,社会、团体可以办,工厂、机关可以办,家庭也可以办”。可以看出,此时政府已经开始探索福利事业多元供给的道路。1994 年民政部门出台的《中国老龄工作七年发展纲要(1994—2000 年)》,标志着我国迈出了国家支持多元主体参与社会福利事业的第一步。该纲要明确提出“坚持家庭养老与社会养老相结合的原则”,这是我国最早提出养老服务体系社会化发展的文件。

2000 年我国正式步入老龄化社会,为了应对人口老龄化带来的压力,我国养老服务进入快速发展时期。这一时期基本形成了社会养老服务体系的发展框架。2010 年召开的第十一届全国人大三次会议的政府报告提出“加强应对人口老龄化战略研究,加快建立健全社会养老服务体系,让老年人安享晚年生活”。《“十三五”国家老龄事业发展和养老体系建设规划》提出要实现“居家为基础、社区为依托、机构为补充、医养相结合的养老服务体系更加健全”的建设目标。《“十四五”国家老龄事业发展和养老服务体系规划》指出“构建和完善兜底性、普惠型、多样化的养老服务体系，不断满足老年人日益增长的多层次、高品质健康养老需求”。

随着养老服务体系概念的提出，我国养老服务需要社会化的理念和养老服务的体系发展框架基本形成。此时我国的养老服务已经逐渐从国家的“一元”包办逐步转型为“多元”的社会化发展。实现了从“养老服务”到“养老服务体系”发展跨越，以满足老年人日益增长的美好生活需求。

（四）监管变革

社会养老服务体系的良性运行，离不开政府运用权威力量进行的监督和管理。有效的监管是养老服务得以实现的必要保证。连接养老服务的各个环节，将资源合理分配与利用，才能更好地保证老年人养老需求的高效满足。政府职能部门间的协作，行业等级以及标准的制定是社会养老服务体系有序发展的根本保证。社会养老服务的监管变革主要体现在：养老机构准入机制的转变、养老机构标准化评定日趋规范以及公办养老机构的严格监管等方面。

1.养老机构准入机制的转变

一直以来，《养老机构设立许可办法》对养老机构的准入设立了诸多限制，提高了准入门槛。2018 年 7 月 18 日，国务院常务会议决定取消养老机构设立许可，同年 12 月 29 日，第十三届全国人大常委会第七次会议审议通过修改的《中华人民共和国老年人权益保障法》，正式取消养老机构设立许可，从而改变了养老机构的准入机制，降低了投资的准入门槛，一定程度上调动了民间资本参与投资的积极性。

养老机构的监督管理，一直是我国政府极为重视的。多年来，我国政府已经出台了《民办非企业单位登记管理暂行条例》《养老机构设立许可办法》《老年人社会福利机构基本规范》《养老护理员国家职业标准（试行）》《老年人建筑设计规范》等多项规范和标准作为对养老机构准入和审核的依据。政府提高民间养老机构的准入门槛是为了从设施条件上保证养老机构的规模，但是规模的大小并不能作为恰当的衡量养老机构服务能力的绝对指标，养老机构服务质量的高低亦不能简单地用规模大小作为衡量的标准。过高的准入门槛对于很多民办养老机构而言无疑是难以逾越的屏障，导致许多民间资本望而却步，这无法调动其参与提供养老服务的积极性，不利于养老服务社会化发展。

在我国养老机构建设的过程中一直存在发展不均衡的问题，公立养老机构与民办养老机构有着发展差距，养老机构设立许可便是导致二者发展差距的阻碍之一。公立养老机构与民办养老机构的设立标准存在差异性，过高的准入门槛、用地和补贴的诸多受限、经营的高成本致使民办养老机构必然无法在养老服务市场中与公办养老机构展开竞争。因此，可以考虑取消养老机构设立许可，将公办与民办养老机构放在同一平台，通过公平的市场竞争优胜劣汰。取消养老机构设立许可，一方面是政府简政放权的重要方式，为企业和个人提供了极大的便利；另一方面，对于政府内部行政机关来说，舍弃部分政府的权力，赋予市场多一份责任，多方主体进行共同治理，能够有效地激发社会的活力，促进各类养老机构的公平竞争和公平发展。

2.养老机构质量评定日趋规范

目前中央和地方已发布相关专业标准来规范养老机构的服务。2017 年发布的《养老机构服务质量基本规范》以及《养老机构等级划分与评定》填补了多项养老机构规范指标的空白，促进了养老机构质量的提升。

自 2000 年开始，我国就设立了《社会福利机构基本规范》、《老年人建筑设计规范》以及《养老护理员职业技能标准》等专业性的标准和规范，这些规范、标准对养老机构的建筑、膳食、护理、卫生、财务等许多方面做出了一定的规范性要求。2017 年，国家标准委发布了《养老机构服务质量基本规范》，填补了国家标准空白，为进一步规范养老机构服务质量提供了指引。2019 年，国家市场监督管理总局、国家标准委联合出台的《养老机构等级划分与评定》，填补了养老机构等级划分与评定的空白，有效地缓解了老年人及其家人的养老机构选择难的局面。通过对养老机构的收费、环境、设施、人员以及服务等方面进行全方位的评价和等级评分，可以更加直观地引导民众选择适合自身情况的养老机构，有效地避免了由于信息不对称而引起的选择困难或障碍，增强了老年人的幸福感和获得感。我国政府出台的规范和标准为养老机构实现分类分级管理提供了评估工具，并为构建养老服务机构的信用体系奠定了坚实基础。将养老机构进行科学的分类评估、细分等级，帮助养老机构对照标准，查找不足，补齐短板，以推动全国养老机构迈入高质量的发展阶段。

3.公办养老机构的严格监管

目前我国公办养老机构的数量一直占据整体养老机构数量的半数之多，对于其进行严格监管尤为必要。公办养老机构的性质为体制内的事业单位，面向社会的收费由物价部门进行定价和监督，低廉的定价以及较小的物价浮动，有效地保证了公办养老机构的福利性。虽然公办养老机构也进行了社会化的改革，但是本身性质仍然是国家体制内的单位，要接受国家多个相关部门的管理和监督，例如民政、消防以及卫生等部门。监管频次较高，能够有力地保障机构的服务质量以及运作的规范性。现有的监管部门针对公办机构的安全、服务、物价等各方面的监管都较为严格；而针对民办机构，相关部门对涉及安全性的消防与环评考量比较重视。政府作为特殊的服务供给主体，为公办养老机构的建设和发展提供了较为优质的土地、建筑、人员队伍、管理制度等资源，形成了较为雄厚的支撑力量，并在严格规制下保证公办机构收费的低廉，有效地提升其养老服务供给实力和竞争实力。

二、养老服务模式的发展现状

总的来说，21 世纪前，我国在养老保障体系建设方面的重点是建立和完善养老保险制度。进入 21 世纪后，在继续完善养老保险制度并不断提高养老金水平的同时，我国把养老服务体系建设摆到了应有的重要位置。但在"十二五"期间，我国养老服务体系建设的重点实际上是放在机构养老方面，为此政府出台了建设补贴和运营补贴等激励措施，支持养老机构的建设。"十三五"时期，我国发展养老服务的政策思路有所调整，居家养老的基础地位得到重视，社区居家机构相协调的养老服务体系初步形成。

（一）居家养老服务

1.居家养老服务的内涵

陈友华（2012）认为，居家养老服务是指社会为居住在家的老年人提供以解决日常生活困难为主要内容的一种服务形式，是从"养老地点"与"养老服务供给"两个维度划分出来的"居家养老"与"社会服务"的一种交叉组合形式。居家养老服务有狭义和广义之分。狭义的居家养老服务仅指上门入户服务，广义的居家养老服务包括入户服务与户外服务。其服务形式主要有两种：第一种是由经过专业培训的服务人员上门为老年人开展照料服务；第二种是在社区创办老年人日间照顾中心，为老年人提供日托服务。

2008 年发布的《关于全面推进居家养老服务工作的意见》中对居家养老服务进行了政策表述：“居家养老服务是指政府和社会力量依托社区，为居家的老年人提供生活照料、家政服务、康复护理和精神慰藉等方面服务的一种服务形式”。从这一表述中可以看出居家养老服务是政府和社会通过社区或社会力量为居住在家中的老人提供服务。与家庭养老不同，居家养老的老年人可以在家享受社会所提供的各类养老服务；与机构养老相比，居家养老可以满足老年人不离家的心理需求，更符合老年人的传统观念。

近些年，上海的“9073”、北京的“9064”、武汉的“9055”以及温州的“9028”等养老模式不断出现。以上海的“9073”养老模式为例，该养老模式是指 90%的老年人由家庭自我照顾，采取以家庭为基础的居家养老；7%的老年人享受社区居家养老服务，由社区提供日间照料；3%的老年人享受机构养老服务。可以看出，虽然居家养老、社区养老以及机构养老的比例分配不尽相同，但是居家养老服务 90%的占比是稳定不变的，说明居家养老模式由于其具有的独特优势广受社会认可和政府重视，也因此成为我国老年人养老服务获取的主要方式。

居家养老符合中国传统文化的思想，满足老年人不离家的养老需求。居家养老没有改变老年人多年的生活环境、生活习惯以及人际交往的生活圈等，老年人在熟悉的环境养老，精神上就不会感到孤独和寂寞。此外，居家养老也符合中国传统文化中尊老孝亲的思想和尊老为本、敬老为先的观念，老年人在家庭中颐养天年，能够满足老人情感上的需求。

居家养老分解了人口结构变化带来的家庭养老压力。受人口结构变化影响，传统家庭养老功能弱化。一方面，家庭照护群体逐渐减少，受计划生育政策以及生育观念的影响，大量丁克家庭、失独家庭以及空巢家庭出现，能够为老年人提供照护的家庭成员不断减少；另一方面，全面放开二胎的生育政策，“421”和“422”家庭结构的产生，家庭代际关系重心下沉，家庭照料人员不堪重负，老年人在家庭里无法得到更周全的照护。社区是居家养老服务的直接提供者，老年人在家中便可享受到生活照料以及医疗保健等服务，这在很大程度上减轻了家庭养老的负担。

居家养老能够节约社会的养老成本。目前我国社会养老服务体系的建设还不够完善，养老机构的数量以及服务能力远远不能满足庞大的养老服务需求。从“9073”养老模式来看，90％的老年人选择以居家养老的方式来满足自己的养老需求，由于老年人在自己的家里养老，可以利用老年人自己家中的一切有效资源，家庭在一定程度上承担了部分社会养老的负担，从而节约了社会成本。此外，相较养老机构而言，社区提供的养老服务价格较为低廉，老年人即便经济状况不佳也可以享受服务。

2.养老服务的新发展模式

朱勇(2014)认为“互联网＋”已经影响及改造了多个行业，给养老服务的发展也带来了机遇。将科技运用到居家养老服务的供给过程中，提高了老年人获取服务的效率，解决并弥补了居家养老服务存在的供给滞后缺陷，二者之间的结合大大提高了居家养老服务的便捷性。

传统的居家养老服务存在供需双方信息交流不畅的问题，老年人的需求无法及时有效地传递出去，社区服务中心不能对老年人的需求立即作出反应，造成居家养老服供给滞后。目前我国多家科技公司都开发了居家养老服务平台，只需要以智能可穿戴设备和手机软件为载体，便可将老年人需求与社会供给的养老服务进行有效对接。在老年客户端，平台录入社区范围内可以享受服务的老年人基本信息（主要是体检信息），将信息上传系统后，便可以实时掌握老年人的身体状况，老年人及其子女可以在客户端进行服务预订。对于发生危险的老年人，可以通过智能设备和手机软件等对其进行定位，以便为其及时准确地提供救助服务。在养老服务供应端，将为老年人提供服务的社区服务中心、项目运营商、呼叫求助中心、生活服务商、医疗服务中心、当地政府、老年人家属、志愿者等多个供应主体连接起来。智能服务供应端根据老年人的需求，与生活服务商合作，在需求订单产生时，提供家政服务、理发、订餐、购物等上门服务。通过居家养老服务智能平台，可以提高老年人服务需求表达的便捷性和时效性，提升整体管理效率，对服务资源进行有效整合，从而降低服务成本。最为重要的是，在老年人遇到紧急危险时可以缩短救援时间，极大地保障了老年人的人身安全。互联网技术和居家养老服务的结合，将会是未来居家养老服务发展的一个趋势。

智慧居家养老服务在我国各地区的发展形势也比较乐观，多省市已形成“互联网＋养老服务”的服务供给模式。2013 年济南市成立了智能居家养老服务中心，在原先社区日间照料中心的基础上新增了实时健康监测、家政上门服务和心理健康辅导等内容。在健康监测方面，该中心不仅为社区内的老年人免费提供体检，还通过互联网技术将老年人的健康数据保存在云端，方便医护人员及老年人的子女随时查看，这对于老年人，尤其是独居、空巢老人以及高龄、患病老年人来说无疑是一个福音。2016 年南京市秦淮区设立虚拟养老院，由当地政府外包给三槐居家养老服务中心运营。以社区为单位，为 60 岁及以上老年人提供服务，吸收各类加盟商，通过社区向老年人提供养老服务。服务内容种类多样，涵盖了生活照料、医疗护理以及精神慰藉类等 15 项服务。

2018年，全区服务对象已覆盖2万余人，服务人员200多人，日平均工单量达680单，虚拟养老服务发展势头良好。[①]

(二)社区养老服务

社区养老服务是指老年人住在家里或长期生活的社区里，在得到家人照顾的同时，由社区的相关组织承担养老工作或托老服务的养老方式(黄少宽，2018)。它由正规服务、社区志愿者及社会支持网络共同支撑，为有需要的老人提供帮助，使他们能在熟悉的社区环境中维持自己的生活(朱晓卓，2016)。社区养老是居家养老的重要依托，具有社区日间照料和居家养老两大功能。

我国社区养老服务从20世纪80年代后期开始发展，至今只有短短的30多年，虽然与西方发达国家相比发展仍算缓慢，但整体建设已初具规模。特别是从2011年国务院印发了关于《中国老龄事业发展“十二五”规划》的通知以来，我国社区养老服务建设有了显著的成果。截至2017年底，全国共有各类社区服务机构和设施40.7万个，其中社区服务指导中心619个(其中农村16个)，社区服务中心2.5万个(其中农村1.0万个)，社区服务站14.3万个(其中农村7.5万个)，其他社区服务设施11.3万个；社区服务中心(站)覆盖率为25.5%，其中城市社区服务中心(站)覆盖率为78.6%，农村社区服务中心(站)覆盖率为15.3%；社区志愿服务组织9.6万个(中华人民共和国民政部，2017)。通过对2013—2017年社区服务及设施的相关数据的分析可以看出，社区服务机构和设施、社区养老机构和设施、社区互助型养老设施、各类型养老床位数以及社区服务机构覆盖率等多项指标呈现逐年上升的趋势。

---

① 刘岚.南京地区虚拟养老院的问题及对策研究[D].南京师范大学，2018.

在中国老年社会追踪调查(China longitudinal aging social survey，CLASS)中，区分了社区和个人两个层面，收集了被访者生活场所附近的养老设施，根据反映情况来看，城乡养老设施的覆盖率已经达到一定程度，尤其是老年活动室和社区基层医疗卫生机构的覆盖率在城市已经超过了80%，在农村也有约40%的社区设置了老年活动场所(孙碧竹，2019)。

我国社区养老服务设施的建设数量逐年提高，社区设施的建设多依靠政府支持，数量的提升也意味着政府投入的加大。我国城乡社区养老机构设施的覆盖率也有了一定的提升，说明我国社区养老在国家政策的大力支持下正在稳步向前发展。由于地理、经济、资源、政策等方面的优势，我国城市社区养老比农村社区养老发展得更快速和全面。

(三)机构养老服务

1.机构养老服务数量提升且种类丰富

吴玉韶等(2015)对养老机构的概念进行了界定，他指出养老机构是指为老年人提供集中居住、生活照料、康复护理、精神慰藉、文化娱乐等服务的老年人服务组织，其主要服务对象是失能、半失能老年人。从概念界定可看出，养老机构对老年人的服务是全方位的，提供最基本的生活照料服务到需求层级较高的文化娱乐服务，能够满足不同老年人的多层次需求。尤为重要的是，养老机构能够弥补居家和社区养老的不足，多数失能半失能老年人无法在家养老，养老机构可以满足此类老年人的照料和护理需求。

2006年政府发布养老服务业发展的指导意见后，政府及社会资本对养老服务业基础设施建设的投资开始“升温”。养老服务机构和设施根据服务对象的不同可分为城市养老服务机构、农村养老服务机构、社会福利院、光荣院、荣誉军人康复医院、复员军人疗养院、军休所七类。

2017年，我国城市养老服务机构有9618个，农村养老服务机构有15006个，社会福利院有1578个，光荣院有948个，荣誉军人康复医院有43个，复员军人疗养院有37个，军休所有1540个。

2.机构养老服务发展的特点

机构养老服务以设施建设为重点，通过设施建设，实现其基本养老服务功能。经过多年的大力发展，我国机构养老服务数量及质量都得到了提升，具体表现在以下三方面：

一是投资主体多元化格局基本形成。养老机构兴办主体已不再局限于政府，企业、个人以及民间组织等多元主体纷纷投入养老机构的建设。养老机构的兴办，资金是关键，政府在社会服务中的投资类型也日益广泛，不仅限于固定的财政支出，以各类专项经费、彩票公益金形式投入养老机构的资金不断增加。目前我国养老机构兴办的资金来源已经不局限于政府资金、国内资金，较多的合资企业以及外资企业已陆续进入国内养老机构投资领域。国外许多养老服务机构、养老服务培训机构也都纷纷开始进入中国市场。

二是数量规模发展迅速。截至2017年底，各类养老机构床位合计744.8万张，比上年增长2%，其中社区留宿和日间照料床位338.5万张，每千名老年人拥有养老床位30.9张[①]。2007—2017年我国养老床位供给能力不断提升，每千名老年人拥有的养老床位量增长明显。尤其是2010—2016年间，每千名老年人拥有的养老床位量保持着较高的增速，2017年每千名老年人拥有的床位数略有减少，但整体床位数量仍然呈现上涨的趋势。根据《“十四五”公共服务规划》，截至2020年

---

① 民政部.2017年社会服务发展统计公报[EB/OL].(2018-08-02)[2022-01-30].http://www.mca.gov.cn/article/sj/tjgb/201808/20180800010446.shtml.

末，全国养老机构和设施总数达到 31.9 万个，养老服务床位数达到 823.8 万张。

三是服务项目和服务设施日渐丰富。从服务项目来看，养老机构涵盖了老年人所需要的生活照料、膳食服务、医疗保健、康复护理以及文化娱乐活动等各类服务。从服务设施来看，目前多数养老机构都配有医疗设施、文化娱乐设施、室外活动场地等。

三、养老服务内容的发展现状

在马斯洛需求层次理论中，将人的需求按照从低到高分为五个层次：生理需要、安全需要、社交情感需要、尊重需要以及自我实现需要。在我国《社会养老服务体系建设规划（2011—2015 年）》中，将社会养老服务内容解释为：为老年人提供康复护理、生活照料、紧急救援、精神慰藉和社会参与等养老服务。该解释涵盖了老年人低、中、高三个层次的需求，全方位说明了当代老年人的养老服务需求。本文将养老服务内容分为生活照料、经济援助、医疗保健以及精神慰藉四个方面，论述其发展现状。

（一）生活照料

已有研究表明，老年人的日常照料需求是主观性需求和客观性需求的统一（黄匡时，2014）。本研究将老年人所需的养老服务划分为生活照料、经济援助、医疗保健以及精神慰藉四方面内容，本节重点分析老年人所需的身体照料以及家务照料的发展状况。

从老年人的生活照料需求看，陆杰华和张莉（2018）基于 2014 年老年社会追踪调查数据的研究表明，我国老年人照料需求模式仍然以家庭照料模式为主，但社会化的照料模式已被渐渐接纳，老年人选择社会化照料模式的比例自西向东到东北逐渐增大，说明社会化照料模式的比重逐步增加。影响老年人照料需求的最主要因素是家庭代际支持的强弱，随着我国第二次婴儿潮出生的人口即将进入老年，伴随计划生育政策以及全面二孩政策的综合作用，家庭代际支持弱化严重，家庭提供的生活照料已经无法满足老年人日益增长的照料需求，社会化的生活照料需求的呼声强烈。

中国老龄科研中心在2010年开展的“中国城乡老年人口状况追踪调查”的数据显示，老年人对于社区供给的居家养老服务项目的整体需求率较高。从养老服务的城乡和地区差异来看，农村和城市老年人对于各类养老服务项目都有着强烈的需求；西部地区的需求水平明显高于东中部地区，西部农村地区养老服务项目的需求率普遍在50%以上，其中对于上门看病的需求最高，为80.7%，最低的是上门做家务，但需求率也高达43.5%；相反，东、中部农村地区的需求率水平接近，需求最高的项目也是上门看病，需求率分别为63.3%和65.5%，与西部地区相比，需求率降低了15%左右。

从社区提供的照料服务使用情况看，目前我国老年人享受的由社区提供的生活照料类服务内容日益丰富，如上门做家务、老年饭桌或送饭、帮助日常购物以及上门探访等，满足了老年人日常生活所需的各种照料。中国老年社会追踪调查的结果显示，生活照料方面的各类养老服务中使用频率最高的为“上门探访”，比例为3.91%，其次是上门做家务、老年人服务热线以及陪同看病，比例分别为2.05%、1.03%和0.91%。

（二）经济援助

资金是老年人养老的关键要素，也是社会养老服务体系持续运转的主要驱动力。对于生活可以自理的老年人来说，养老服务可以通过退休金、子女支持以及其他家庭收入购买获得。对于无退休金或无子女的老年人来说，则面临养老资金短缺的问题。此时，政府在老年人经济援助方面的作用就体现出来了，政府需要承担起老年人经济支持的主要供给责任。本节的经济援助主要从政府供给角度讨论，重点分析老年人福利、养老保险和医疗保险三方面的现状。

1.老年人福利

针对老年人日常生活、护理和养老服务的需求，政府为老年弱势群体提供适当的老年人福利。我国最低生活保障制度规定，企业离退休人员在领取基本生活费、失业保险金、养老金、职工工资期间，家庭人均收入低于当地最低生活保障标准的，可以申请城市居民最低生活保障金；农村五保供养制度则为农村无劳动能力、无生活保障的老年人提供五保供养，即保吃、保穿、保住、保医、保葬。截至 2017 年底，全国有城市低保对象 741.5 万户、1261 万人，低保平均标准为每人每月 540.6 元，比上年增长 9.3%；全国有农村低保对象 2249.3 万户、4045.2 万人，低保平均标准为每人每月 4300.7 元，比上年增长14.9%。[①] 根据《“十四五”公共服务规划》，至“十三五”末期，全国困难残疾人生活补贴覆盖人数为 1212.6 万人，重度残疾人护理覆盖涉及人数为 1473.8 万人。

老年人福利是我国对老年人实行资金补贴的重要手段，其中包括高龄津贴、护理补贴以及养老服务补贴等。高龄津贴是为解决高龄老人基本生活问题而实行的一种社会保障制度。鉴于我国高龄化的发展特点，高龄老人比重持续上升，高龄津贴对于保障老年人晚年生活则尤为重要。2009 年民政部呼吁全国制定高龄津贴政策，在此之前全国仅

① 民政部.2017 年社会服务发展统计公报[EB/OL].(2018-08-02)[2022-01-30].http://www.mca.gov.cn/article/sj/tjgb/201808/20180800010446.shtml.

有 8 个省(自治区、直辖市)颁布了省级层面的政策,目前,全国 31 个省(自治区、直辖市)都建立了不同程度和范围的高龄津贴政策。2010 年,我国享受高龄津贴的老年人仅有 576.4 万人,截至 2017 年年底,全国享受高龄津贴的老年人已达 2682.2 万人,增长了近四倍[①]。2017 年我国高龄老年人口数量为 2880 万人,高龄津贴覆盖率达到 93%。我国护理补贴以及养老服务补贴的提供主要是以现金、服务券、实物三种形式为主,全国大部分地方多采取服务券的形式。在人数方面,享受护理补贴以及养老服务补贴的人数不断增长。2013 年以来,享受两项补贴的老年人数量持续增长,2017 年享受护理补贴的老年人数达到 61.3 万人,比上年增长 51.4%,享受养老服务补贴人数达到 354.4 万人,比上年增长 5.3%。

在老年人福利资金投入方面,我国政府财政支出呈现逐年增加的趋势,说明国家对老年人三项补贴的投入力度逐渐增大,力求更好地保障老年人的晚年生活。2010 年我国老年人福利支出仅 16.6 亿元,2017 年已增加至 293.3 亿元,增幅巨大。从补贴水平来看,由于各地财政实力存在差异,地方实行护理补贴以及养老服务补贴的时间各不相同,补贴水平也略有差别,失能护理补贴水平一般为 20～800 元,养老服务补贴水平一般为 15～500 元。

2.养老保险

经过多年的改革,我国养老保障制度不断完善,养老保险覆盖范围逐步扩大,参保人数逐年增长,养老金也持续增加。2017 年共有 16 个省级政府、1295 个县级政府发文,再次提高当地基础养老金标准。全

① 民政部.2017 年社会服务发展统计公报[EB/OL].(2018-08-02)[2022-01-28].http://www.mca.gov.cn/article/sj/tjgb/201808/20180800010446.shtml.

国城乡居民养老保险月人均养老金达到125元，比上年增加8元，增长率为7%，其中基础养老金为111元，比上年增加6元，增长率为6%。2017年全国城乡居民养老保险参保人均缴费282元，比上年净增51元，增长率为22%[①]。2020年末，全国养老保险参保人数达到9.99亿人。

截至2017年底，全国城镇基本养老保险覆盖人数40293.3万人，其中参保职工29267.6万人，离退休人员11025.7万人。结合前文的2020年末的数据，可见我国城镇基本养老保险覆盖人数逐年增加。企业退休人员基本养老金待遇提高，2017年末纳入社区管理的企业退休人员共计7589万人，占企业退休人员总数的83%。[①]

1990—2017年，我国城镇基本养老保险基金支出增长明显。2017年基本养老保险基金支出为38051.5亿元，是1990年基金支出(149.3亿元)的254倍，是2000年基金支出(2115.5亿元)的18倍。基本养老保险基金支出占GDP的比重也逐年增加，1990年为0.8%，2017年为22.05%，养老保险支出占GDP比重的不断上升，显示出我国养老保险水平的不断提升。[②]

3.医疗保险

鉴于老年人身体机能随年龄增长不断衰退的生理特征，其医疗需求变得尤为突出，因此，医疗保险从老年人医疗资金保障角度出发进行完善至关重要。我国在医疗保险的发展方面不断加大力度，保障老年人健康需求。根据《"十四五"公共服务规划》公布的数据，截至2020

① 人力资源社会保障部.中国人力资源和社会保障年鉴[M].北京：中国劳动社会保障出版社，2018.

② 数据来源：1990—2009年数据源自《中国统计年鉴》，2010—2017年数据源自各年《国民经济和社会发展统计公报》和《人力资源和社会保障事业发展统计公报》。

年，全国参加基本医疗保险的人数为13.6亿人，我国已建成世界上规模最大的医疗保障体系。

（三）医疗保健

1.整体医疗保健资源的供给现状

在老年阶段，随着生理机能的老化和慢性病的增多，老年人对医疗服务的依赖程度也显著提高，对养老服务和医疗保健服务的结合有迫切的需求。相比其他年龄段的人群，老年人的健康更需要医疗保健和康复护理来维护。随着医疗护理需求的不断膨胀，针对养老服务建设的痛点——医养分离问题，我国养老服务体系的建设增加了医养康养相结合的新发展理念。医养康养相结合实现了健康服务、医疗服务与养老服务的有机融合，同时满足了老年人的医疗和养护需求，能够提高养老服务质量。2020年人均预期寿命提高至77.9岁，主要健康指标已经总体上优于中高收入国家平均水平。我国医养结合服务有序发展，照护服务能力明显提高，2020年全国两证齐全（具备医疗卫生机构资质，并进行养老机构备案）的医养结合机构有5857家，床位数达到158万张。

从政策引导来看，早在2013年国家出台的《国务院关于加快发展养老服务业的若干意见》中就提到了医养结合的概念，意见指出要加快推进医疗卫生和养老服务的融合发展。发展医养结合的目的是尽快建立医养结合的发展模式，加强医疗卫生、民政、社保等部门之间的相互配合，不断提高我国的医疗养老服务品质，解决因人口老龄化给养老服务的体制机制及其他诸多方面带来的问题。2015年卫健委、民政部等9个部委联合出台《关于推进医疗卫生与养老服务相结合指导意见的通知》，提出建成一批兼具医疗卫生和养老服务资质、能力的医疗卫生机构或养老机构，为居家养老的老人提供医疗服务。2015年民政部等

10个部委联合出台《关于鼓励民间资本参与养老服务业发展的实施意见》，提出推进医养融合发展，扶持和发展护理型养老机构建设；对民间资本投资举办的护理型养老机构，在财政补贴等政策上要予以倾斜。《"十三五"国家老龄事业发展和养老体系建设规划》提出要推进医养结合，加强老年人健康促进和疾病预防。《中共中央关于坚持和完善中国特色社会主义制度，推进国家治理体系和治理能力现代化若干重大问题的决定》《中共中央关于制定国民经济和社会发展第十四个五年规划和二〇三五年远景目标的建议》都提出要构建医养康养相结合的养老服务体系。《"十四五"国家老龄事业发展和养老服务体系规划》在此基础上还进一步提出加快健全医养康养相结合的养老服务体系和健康支撑体的发展目标。

从医院类型来看，老年人的医疗护理主要由老年医院、医院老年科、医养结合机构、临终关怀医院等专业机构提供，也包括对居家养老的老年人提供服务的社区卫生机构。根据国家卫生健康委员会的数据，截至2020年底，全国设有国家老年疾病临床医学研究中心6个；设有老年医学科的二级及以上综合性医院有2642个，设有临终关怀（安宁疗护）科的医院有510个，全国医疗卫生机构与养老服务机构建立签约合作关系的共有7.2万对；两证齐全（指具备医疗机构执业许可或备案，并进行养老机构备案）的医养结合机构共有5857家；工业和信息化部、民政部联合开展第四批智慧健康养老应用试点示范工作，确定50家示范企业、72个示范街道（乡镇）、17个示范基地。①

① 国家卫生健康委员会规划发展与信息司.2020年我国卫生健康事业发展统计公报［EB/OL］.（2021-07-13）［2022-01-29］. http://www.nhc.gov.cn/guihuaxxs/s10743/202107/af8a9c98453c4d9593e07895ae0493c8.shtml.

2.医养康养相结合的供给模式

医养康养相结合的服务主体是把传统养老机构和医疗机构有机结合，以多种形式参与到老年人的养老服务中的各服务主体，包括养老院、老年公寓、护理院、临终关怀医院、康复医院、各级医院、社区卫生服务中心和社区居家养老服务中心等。

医养康养相结合的服务对象是健康、基本健康、半失能、失能等老人，但重点面向大病康复期、慢性病、易复发病病人、绝症晚期、残障老年人等无法在传统养老模式中得到良好照料的失能、半失能老人。

医养康养相结合的服务内容包括具备日常起居照料、休闲娱乐、情感关切等基础的养老服务，还包括引入了先进的医疗技术，为老年人提供预防、保健、治疗、康复、护理和临终关怀等多方面的医疗服务。

医养康养相结合的管理机制涉及多个部门条块，目前政府层面已加快管理及政策制度建设，包括医养结合服务的审批、管辖及监管等。

发展医养康养结合的目的是尽快建立医养结合的发展模式，加强医疗卫生、卫健、民政、医保等部门之间的相互配合，不断提高我国的医疗养老服务品质，解决因人口老龄化给养老服务的体制机制及其他诸多方面带来的问题。所以医养康养结合的发展模式对传统养老模式进行了进一步的提升和改善，是建立在养老服务的基础上，结合医疗卫生服务，整合医疗资源纳入养老服务中，以养老机构、社区、家庭为单位为老年人提供的医养康养结合的服务。医养康养结合的养老服务模式重点解决的是老年人的医疗保健和养老问题，在实践中要处理好医疗和健康养老的关系，结合老年人身体状态和生命规律，为养老服务提供优质的医疗资源；要采取健康管理、慢性病干预、危急重症送医及康复理疗、长期照护、临终关怀等具体的医疗措施，有效治疗老年人身心疾病，不断改善老年人的身体健康，使老年人拥有健康幸福的生活。

当前，各地政府通过医养结合试点、机构合作、社会参与的形式探索医养结合，并形成了3种相对成熟的服务模式："整合照料"模式、"联合运行"模式和"支撑辐射"模式。

(1)"整合照料"模式

"整合照料"模式由单独的机构作为服务主体，又可分为两种模式：养老机构具备医疗功能的模式和医疗机构具备养老功能的模式。

养老机构具备医疗功能的模式，是指养老机构自主增设医疗机构，选择具备医疗条件的养老机构进入社区作为医疗场所，并根据国家相关医疗卫生政策的规定，配备基础的科室和专业的医护人员。另外，将老年人划分为自理型和需护理型两类，为他们提供诊疗、康复、护理、急救等医疗服务。

医疗机构具备养老功能的模式，是以医疗机构为主体，利用其自有的优势医疗资源建设立护理中心，主要为一些失能、半失能、失智等的老年人和行动不便需要看护的老年人提供护理服务，护理内容包括疾病预防、康复护理、健康咨询等医疗服务。这一模式的产生分两种情况：一是在一些大型医疗机构中增设老年人医疗服务科室，配备相应的基础医疗设施供老年人使用；二是整合小型医疗机构的医疗资源，合并成医养结合机构，专为老年人提供疾病诊断、治疗、恢复训练等医疗服务。老年人在需要治病时，由机构承担医院的医疗职能，老年人病情好转后，机构发挥养老功能，这样不但让老年人接受了良好的医疗服务，还让其享受了优质养老服务，提高了老年人的养老生活水平。

(2)"联合运行"模式

该模式是指参与医疗和养老的主体为多个机构，一个或者多个养老机构与医疗机构展开合作，借助各自的医疗和养老资源，统一开展服务工作，建立定点医院转诊机制，医院主要提供医疗服务，而护理院提供护理服务的相互配合的模式。医疗和养老两个机构相互合作，优势互补，实现了医疗功能和养老功能的相互融合发展。目前普遍的做法是就近在社区医院或者大医院旁边建立养老机构，方便医护人员及时到养老机构为老年人诊疗，解决老年人遇到的紧急疾病。这种医养结合模式实施起来方便，投入成本较低，有效地解决了养老机构基础医疗设施缺乏的问题，受到政府的大力支持。

(3)“支撑辐射”模式

“支撑辐射”模式是一种以政府为主导的医疗机构或养老机构合作和以社会力量主办的医疗机构和养老机构合作，主要面向居家社区老年人提供医疗服务的模式。

政府主导的典型代表是：湖南省长沙市天心区和山东省青岛市李沧区。长沙市天心区人民医院依托自身专业的医疗资源，为居家老年人提供了一个集生活照料、医疗护理、康复服务、临终关怀为一体的老年人关爱中心，既方便了老年人的居家生活照料，也使其可以得到专业的医护服务。

社会主办的典型代表是：普亲养老服务中心。该养老服务中心在海口、长沙多地建成养老服务机构，集中整合二级医院医疗资源为高龄、失能、半失能老人提供医疗服务，建立老年人健康评估体系，引入各类NGO(non-govermental organizations，非政府组织)发挥其社区动员及管理能力，将健康管理辐射到社区，建成了以医疗机构为主导，社区护理为纽带，居家治疗为主的一体化养老服务体系。

(四)精神慰藉

我国老年人精神慰藉服务供给与政府政策引导有着重要联系，在2006年发布的《关于加快发展养老服务业的意见》、2011年发布的《国务院关于印发服务业发展“十二五”规划的通知》和2017年发布的《国务院办公厅关于制定和实施老年人照顾服务项目的意见》中都提出了注重老年人的“精神慰藉”。

《“十四五”国家老龄事业发展和养老服务体系规划》提出通过组织和引导物业企业、零售服务商、社会工作服务机构和志愿者等为老年人提供精神慰藉。近年来物质财富不断丰富，老年人的养老服务需求层次也在提升，各地政府纷纷开始了对老年人精神慰藉服务供给的相应探索，地方的多种实践模式的探索对我国为老年人全面供给精神慰藉服务有着重要的借鉴意义。

青岛市通过政府与民间社会组织合作的方式向老年人提供精神慰藉服务，由社区街道提供用地，用政府购买服务的方式提供活动经费，由社会组织走进社区为老年人提供心理咨询服务。由政府购买服务引导社会专业组织走进社区供给服务的方式，是一种有效实现“服务型政府”的途径，同时能够充分促进社会组织发挥效用。

上海市的社区开展了很多老年精神慰藉项目，例如“心悦夕阳红”等，主要通过政府购买私人心理咨询或者社会组织开展的公益形式的心理咨询服务，以及培养志愿者的方式，为老年人提供相对专业的心理服务。

苏州市依托上门服务的医护人员对老人进行精神慰藉，开设社区老年娱乐室，举办各种文娱活动，既加强了老年人的社交能力、充实了老年人的晚年生活，又使老年人在社交网络中相互慰藉并得到自我认同感。此外，还有些社区与社工组织共同举办有关老人心理慰藉的公益行动。

第五节 养老服务体系建设取得的成效

为了适应人口老龄化、家庭小型化趋势对社会化养老迅速增长的要求，党的十七大、十八大、十九大明确提出要实现全体人民“老有所养”的目标。特别是党的十九大报告明确提出要“积极应对人口老龄化，构建养老、孝老、敬老政策体系和社会环境，推进医养结合，加快老龄事业和产业发展”。进入新世纪以来，特别是党的十八大以来，我国养老服务体系建设取得快速发展[①]。

一、养老服务体系基本形成

截至2020年底，全国共有各类养老机构和设施32.9万个，养老床位合计821.0万张。其中，全国共有注册登记的养老机构3.8万个，共有床位488.2万张；共有社区养老服务机构和设施29.1万个，床位332.8万张。[②] “十二五”时期实现了每千名老年人拥有30张养老床位的目标，“十三五”时期继续保持适量增加。自2016年起开展的居家和社区养老服务改革试点，至2020年，五年共计安排50亿元资金投入，前三批共确定了北京市丰台区等90个试点地区。2017年和2018年，

① 青连斌.“十四五”时期养老服务的发展展望[C]//.王延中.社会保障绿皮书：中国社会保障发展报告(2020).北京：社会科学文献出版社，2020：78-94.

② 民政部.2020年民政事业发展统计公报[EB/OL].(2021-09-10)[2022-01-28].http://xxgk.mca.gov.cn:8011/gdnps/pc/content.jsp? id=15445&mtype=5.2022-02-23

我国组织开展了智慧健康养老应用试点，两批共创建了79家示范企业、130个示范街道（乡镇）和29个示范基地[①]。助餐、助浴、助急、助医等居家社区养老服务亦在普遍推进，大多数养老机构开展了医养结合服务。截至2018年底，我国共确定两批90个国家级医养结合试点单位，我国506家二级中医类医院中有200家设立了老年病科[②]。以居家为基础、社区为依托、机构为补充、医养相结合的养老服务体系已经基本形成。

二、养老服务业发展支撑养老服务体系建设

老年人在健康医护、体育文化、社会参与、精神慰藉等方面都有需求，这些都属于养老服务业的发展方向。老年医疗、老年护理、老年康复、老年公寓、老年社区，催生出养老养生保健、老年法律服务、老年用品、老年地产、老年物流、老年家政、老年教育、老年旅游、老年保险等新兴业态。养老服务业的发展支撑着养老服务体系的建设，并使投资者、建设者、运营者的分工出现。在政策的催生下，养老服务体系的建设逐渐走向壮大，各行都能找到自身在养老服务业中的相应份额。社会资本都认识到养老服务业是未来的朝阳产业，对此抱有极大的投资热情，政府和市场两种资源配置方式在联动发挥作用，养老服务业成为国民经济和社会发展的重要组成部分。

---

① 民政部.民政部对“打造精准化社区养老服务模式”的答复[EB/OL].(2019-11-01)[2022-01-30]. http://www.mca.gov.cn/article/gk/jytabljggk/rddbjy/201911/20191100020893.shtml.

② 民政部.民政部对“加强养老服务体系建设的建议”的答复[EB/OL].(2019-11-01)[2022-01-30]. http://www.mca.gov.cn/article/gk/jytabljggk/rddbjy/201911/20191100020900.shtml.

三、服务市场逐步放开

“十三五”期间，我国在全面放开养老服务业市场、深化放管服改革方面取得了较大进展，如养老机构内医疗机构的设置由审批改为备案；放开境外投资者在华投资养老服务，实行同等优惠；着力解决养老机构消防审批楼层设置限制等问题。2018 年 12 月 29 日，第十三届全国人大常委会第七次会议审议通过修改的《中华人民共和国老年人权益保障法》，正式取消养老机构设立许可。2020 年 11 月 1 日起施行的《养老机构管理办法》进一步明确了养老机构的设立实行登记和备案管理。我国还持续推进养老服务业综合改革、居家和社区养老服务改革、公办养老机构改革、智慧健康养老、医养结合等重大试点工作，通过建立产业引导基金、发行专项企业债券、实施PPP（public-private-partnership，政府方与社会资本方依法进行的项目合作）项目等政策措施，引导社会资本投入。

四、老年健康服务体系初步建立

在以习近平同志为核心的党中央的坚强领导下，卫生健康等部门砥砺创新，积极推进老龄健康事业，深化体制机制改革，各项工作取得了新的进展，为进一步提高老年人健康水平奠定了坚实基础。健康中国行动、老年健康促进行动全面启动，各项工作顺利推进。包括健康教育、预防保健、疾病诊治、康复护理、长期照护、安宁疗护六个环节的老年健康服务体系初步建立，医养结合稳步发展。老年健康与医养结合服务纳入国家基本公共卫生服务，老年人基本医疗保障进一步加强，长期护理保险制度试点顺利推进，老龄健康产业规模不断扩大，智慧健康养老、中医药养生养老、森林康养等新模式、新业态不断涌现，科技助推老龄健康事业发展的动力强劲。截至2020年年底，全国设有1个国家老年医学中心和6个国家老年疾病临床医学研究中心，2642个二级及以上综合性医院设有老年医学科，设有安宁疗护科的医院有510个，全国安宁疗护试点扩大到91个市（区），两证齐全（具备医疗卫生机构资质，并进行了养老机构备案）的医养结合机构达到5857家，床位数达158万张。2020年，我国各类养老服务机构和设施达到16.38万家。

五、农村养老服务短板有所消除

"十三五"以来，国家发展改革委组织实施了社会服务兜底工程，累计安排中央投资69亿元，重点支持老年养护院、医养结合的养老设施等的建设。"十三五"期间，中央财政支持居家和社区养老服务改革试点工作，每年投入10亿元用于推进包括农村居家养老服务在内的居家社区养老服务试点。中央财政每年均安排福利彩票公益金支持城镇社区福利机构、社区养老服务设施、农村五保供养设施、光荣院等设施设备更新改造，2016—2018年共安排彩票公益金41.1亿元。目前，我国初步形成了以家庭赡养为基础、养老机构和农村幸福院为依托、农村老年协会参与、乡镇敬老院托底的农村养老服务供给格局。我国普遍建立了针对经济困难的高龄、失能等老年人的补贴制度，农村困难老年人的生活保障体系不断完善。高龄老年人津贴制度已实现省级全覆盖，养老服务补贴和护理补贴制度分别覆盖30个、29个省份，初步形成了老年人社会救助、老年人福利补贴相衔接的农村困难老年人生活保障体系。各省份均制定了加强农村留守、空巢老年人关爱服务体系的专项政策文件或实施细则，定期巡访独居、空巢、留守老年人，以便积极防范和及时发现意外风险。

六、互助养老在实践中积累经验

互助养老在我国有优良的文化传统，我国大致有四类活跃的互助养老模式：在农村主要是肥乡互助幸福院模式；在城市主要是结对组圈式、据点活动式和时间银行式三种模式。1998年上海市虹口区提篮桥街道在整合民间创新和国外经验的基础上提出了“时间储蓄式为老服务”并在全市推广，标志着我国开始了时间储蓄助老服务的探索。2008年河北省肥乡县前屯村利用闲置校舍改造出供老人集中居住的“互助幸福院”，其突出特点在于“集体建院、集中居住、自我保障、互助服务”，被民政部赞为“村集体办得起，老人住得起，政府支持得起”的农家门口互助幸福院，并在全国范围内推广。互助养老作为一种养老模式，对缓解养老压力有重要意义，能够解决广大农村老年人急需的养老服务问题，体现农村养老事业发展的新方向。

第四章 我国养老服务体系建设存在的问题

第一节 社会化养老服务供给不充分

一、居家和社区养老服务社会化供给不足

首先，老年人的需求是多方面的，包括日常生活照料、心理精神慰藉和社会活动的参与需求。目前的居家和社区养老服务机构还只是致力于满足老年人的基本生活需求，主要是向老年人提供一些衣、食、住、行等一般日常生活需要的服务，内容主要集中在助餐、助洁、助急、助浴、助行、助医"六助"服务，老人的社会参与、健康管理、康复护理、文化娱乐、心理抚慰等服务内容供给不足。此外，精神方面的养老服务（如谈心交流、文化娱乐、法律咨询等服务）供给比较欠缺，没有建立低龄活力老人社会参与的支持系统，活力老人的潜力没有被挖掘出来。

其次，社区养老服务设施落后。目前许多社区，尤其是农村地区没有建立居家养老服务网络设施，不能有效掌握居民的养老服务需求。

各种养老服务设施和服务市场主体的资源共享衔接也亟待完善。

二、养老机构定位不清

（一）公办机构偏离职能定位，工作管理机制僵化

第一，公办养老机构偏离职能定位。公办养老机构同时供应公共产品和私人产品两种性质的服务，且没有有效的制度区分两种服务的边界，由此导致当下公办养老机构改革的诸多问题。如果没有一套科学严格的评估制度，如果只是遵循"谁付得起谁住"的市场法则，必然造成公共福利分配不公，从而导致社会不公平，以及公办养老机构的定位的偏差。

第二，双轨并行，矛盾凸显。公办养老机构大多数是民政部门领导的事业单位，人员构成由两部分组成，一是有编制享受财政拨款的员工，二是靠床位收费的合同聘用制员工。合同聘用制人员加班可发加班工资，事业编制员工则不行，否则就违反事业单位的财务规定，待遇上的差别严重影响公办养老机构职工的积极性，导致管理难度大，养老机构整体的向心力不足。

第三，管理方式使改革创新举步维艰。实践中，有的公办机构在管理体制和运行机制方面进行改革，取得了显著的成效，提高了服务质量、改善了员工福利待遇、扩充了资金来源，确保了国有资产的保值增值。但政府审计等管理部门在履行职责的过程中，对行业特点和出台的改革政策了解不足，只按事业单位的相关规定考评，让改革创新的机构如履薄冰，左右为难，无所适从。

（二）民办养老机构双轨制，出现两极分化和房地产化

第一，民间力量的发展仍存在体制和政策约束。当前民间资本进

入养老产业还存在明显的制度瓶颈，这道因监管混乱造成的政策“玻璃门”，正在消减一部分民间资本进入养老产业的热情。目前我国民间资本投资的养老机构性质有两种，即在市场监督管理部门登记的企业性质和在民政系统登记的民办非企业单位性质。这两种不同性质的民间资本投资的养老机构提供的养老服务保障责任相同，但享受的待调和接受的管辖都存在很大差异。在民政系统登记注册的民办非企业性质的养老机构由民政部管辖，可以享受政府优惠政策，但必须放弃民间资本的盈利目的，即使该机构是股份制也没有红利分配权，一旦养老机构出现经营问题时，投资者要承担连带民事责任。目前，民办养老服务机构大多以“民办非企业”机构形式进行注册，但“民非”身份在实际运作过程中遇到企业市场融资和担保被法律禁止、无法进行连锁化经营等诸多政策制约，陷入“公益”与“盈利”的尴尬博弈之中。

在市场监督管理部门登记的企业性质的民资养老机构由市场监督管理部门管辖，其可以追求营利性，但享受的优惠政策往往比“民办非企业”机构少。这种政策使得更多的民间资本宁愿选择观望而不愿意贸然进入市场。在对民办机构扶持政策的实施中，国家在土地、税费、用水、用电、用气、用热等方面制定的一系列优惠扶持政策，往往得不到落实，这其中的原因既包括部门间的阻隔，也包括局部利益的羁绊。

第二，民办养老机构两极分化。部分民办机构受限于消费群体购买力低而涌入低端、保障型服务市场；而另有部分民办机构追求利润而盲目投资，做大项目，走高端化路线，与市场实际需求严重脱节。市场上处于两个极端的豪华型养老机构和设施简陋的低端养老机构较多，真正符合大多数老年人需求的养老服务机构所占份额较低，社会需求很大的小微型社区居家养老机构、医护型养老机构发展不足，这加剧了我国养老服务市场的结构性失衡，导致民办养老机构床位空置率居高不下。

第三，出现养老机构房地产化经营倾向。一些养老机构存在房地产化经营倾向，目标消费群体是追求高端服务的老人。近年来，随着一系列鼓励、扶持养老产业发展的政策的出台以及养老机构设立取消设立审批，养老机构的市场准入门槛不断降低，房地产企业等各类民间资本参与养老服务的积极性日渐高涨。在高额房价和养老机构低回报率的情况下，不乏有一些民办养老机构，以退休的高级别老干部、成功人士的父母、高级知识分子等具有高支付能力的高端老年人群体为目标人群，以休闲居住而非以日常生活照料服务等为重点，进行养老机构房地产化经营。

第四，养老服务行业特征使部分民办机构经营困难。养老服务机构是为老年人提供日常生活服务、医疗护理及精神慰藉等服务的综合性专业服务机构，因此，老龄化压力下的我国养老机构只有在建设前期进行非常大的投入，才能够实现成为老龄服务事业重要载体的目的。但养老机构的资金回报期限长，而且相对于其他投资行业回报率也比较低，因此使得部分民办养老机构经营困难。

三、长期照护制度缺失，失能失智老人养老难

第一，长期照护保险制度缺失。我国失能老人数量庞大，且增长速度快。然而，当前我国长期照护体系还处于起步阶段，虽然已经开展了长期照护保险制度的试点，但尚未建立针对覆盖全国的失能失智老人等老年群体的长期照护保险制度。专项政策法规有限、专业长期照料机构缺乏、服务项目未成体系、养护型专业人员不足等问题的存在，制约了长期照护保险制度的发展。由于盈利能力弱、赔付风险大，失能失

智老人的商业保险种类少、门槛高，一般的家庭难以支付，长期护理如果延续仅依靠国家福利系统来提供相关照护服务的传统模式，势必给政府造成沉重负担，不利于获得长期发展，也很难形成规模。

第二，失能失智老人养老难。失能失智老人养老最有效最稳健的方式是机构养老，即由养老机构提供专业的护理服务。但由于失能失智老人康复的可能性渺茫，极有可能出现对机构养老资源的长期占有，因而一般的养老机构很难自愿接收失能失智老人。对失能失智老人的生活照料仅是长期照料服务体系的一部分，此外，还包括社会心理服务、居住服务、看护服务、临终关怀，涉及失能老人的生理需求、情感需求、精神需求以及社会活动需求等方面的照料和呵护。

四、未建立活力老人社会参与的支持系统

从目前的实际情况来看，我国老年人在社会参与方面，除了少数"精英"退休后依然能在一定领域发挥重要作用之外，其余绝大部分人只能在家照料后代，而缺乏社会参与途径。与此同时，在我国目前的养老服务事业中，养老服务资源供给力量十分薄弱，单靠家庭和机构的力量已经很难破解我国面临的养老困局，且老年人口红利有待开发。

第二节　农村养老服务存在短板

近年来，我国农村养老服务事业在养老服务设施、养老服务队伍建设、养老服务模式等方面取得积极进展。但一方面受年轻人口向城市流动、家庭结构小型化等多种因素的共同影响，农村人口老龄化率将高

于城市；另一方面农村老年群体相较于城市老年人经济来源匮乏、生活水平低下，养老服务需求总量更大。然而，农村老龄事业与城市老龄事业相比，发展明显滞后。农村老龄化带来的压力更大，解决的难度也更大。

一、城镇化导致农村家庭养老功能弱化

伴随城镇化进程的不断加速，农村的很多青壮年为了生计不得不外出打工，空巢老人现象越发严重。由于家庭人口减少以及在空间上的分散居住，导致传统的养儿防老模式难以为继。在我国传统农村家庭中，老人的养老成本和养老服务通常由子女承担和提供，子女独立成家后，由独生子女家庭独自承担或者由多子女家庭的联合体共同承担。农村青壮年涌到城镇谋生，导致农村老人的生活空间与子女生活空间割裂，老人的日常生活失去了稳定的保障，传统家庭在经济支持、生活照料和精神慰藉等方面的功能有所弱化。当老年人劳动能力和生活能力衰退直至失去自理能力，农村养老难题随即凸显。

二、低经济水平导致养老保障水平低

农村老年人的经济水平状况直接决定其养老保障水平。农村老年人的经济来源主要有以下途径：一是养老储备，农村老年人大多是依靠农业或外出打工获得经济收入，但是子女成家高额的彩礼、婚房等往往掏空了老年人的一生的积蓄，导致养老储备不足；二是子女给付的赡养费，由于现代社会竞争的激烈，许多农村年轻夫妻往往把大部分的财力和精力集中于子女的培育上，而无暇顾及日益衰老的父母，付给父母的

赡养费数量有限且不稳定；三是城乡居民养老金，基于财力有限及观念意识的原因，大部分农民往往选择最低缴费档次缴纳养老保险费，年老时领取的养老金大部分都是政府提供的数量有限的基础养老金。农村老年人较差的经济水平状况往往仅能保障甚至无法保障其经济生活和医疗需要。由于缺乏充足的养老资金储备，农村老年人养老服务购买能力不足。

三、农村养老服务投入不足

农村养老服务投入不足导致农村基础设施薄弱。尽管近十来年政府出台了一系列制度措施来解决农村老年人的社会养老问题，但是无论从保障力度还是保障覆盖范围来讲，都存在不足。社会养老服务的相关资金投入仍存在较大缺口，社会事业支出中养老服务事业所占比例偏低，很多农村地区还没有建立起养老服务财政投入的稳定增长机制，资金缺乏导致养老服务设施薄弱。资金缺乏也成为农村社会养老服务体系建设缓慢的主要原因之一。

城市和农村的养老服务设施建设差异大。城市的各项养老措施功能相对较为齐全，社会力量较为集中，服务的内容相对比较丰富，且城市具有的软硬件环境较好。和城市相比，农村地区的养老服务机构少，养老服务设施少，服务功能较为单一，可供老人选择的娱乐活动较少。

四、农村养老服务人才队伍建设滞后

提升农村养老服务供给质量和水平，关键在于农村养老服务人才队伍的建设。我国农村养老服务体系建设依然面临着养老人才短缺和结构不合理的挑战，现有从业人员的规模、知识、年龄结构还不足以支撑农村老龄化对养老服务的巨大需求。

一是专业护理人员数量不足。受劳动强度大、薪酬待遇偏低、职业发展空间狭窄、社会地位不高等因素影响，农村养老服务机构护理人员就业积极性不高，人员流动大，专业护理人员数量严重短缺。现有护理人员普遍存在着平均年龄大、学历水平低、专业技能不强等问题，综合素质和专业技能亟待提高。

二是后继农村养老专业人员的培养乏力。目前农村养老服务业的从业人员主要以农村中年妇女为主，大多都是没有经过专业培训的人员，在服务过程中更多是依靠平时的生活经验。年轻人员普遍不愿从事养老服务行业，储备和发展年轻的、专业的养老服务人员已刻不容缓。

五、农村养老服务市场发展不足

受支付能力、消费意愿、服务设施、专业队伍等条件制约，农村养老服务市场发展缓慢，成为养老服务体系建设的短板和难题。

一是市场积极性有待提升。由于农村养老机构投入大、运营难、收益慢，社会资本参与养老服务的积极性不高。此外，农村养老服务市场在发展过程中，缺乏畅通的投融资渠道，房租、人工等运营成本逐年上升。在这些因素的综合影响下，我国养老机构普遍处于营收基本持平和亏损状态中，市场积极性有所不足。

二是同城市养老服务的发展水平差距明显。受城乡发展差距影响，农村地区的老年人的养老消费观念不强，养老消费意愿和支付能力偏低，高龄、独居、残疾和失能等特殊困难群体较多，而农村地区的养老服务设施建设、供给能力和投入水平普遍低于城市地区，普惠性的区域性农村养老服务网络还未形成，农村地区在养老服务供给方面仍存在不少薄弱环节和短板。

三是市场发展与养老服务需求不适应。我国农村养老产业仍处于起步发展阶段，产业整体发展不足，行业集中度低，虽然养老服务市场主体和从业人员规模持续增长，但具备规模和品牌效应的养老服务机构尚未形成，养老服务市场在居家养老、日常照料、慢病护理、心理关怀以及相关培训服务体系建设等方面都与农村服务需求不相适应。

第三节　互助养老模式推进面临困境

我国的互助养老经历了一个较长的历史演变过程：新中国成立以前是以宗亲互助养老为主；新中国成立以后到改革开放以前是以集体互助养老为主；改革开放至今逐步形成了社会互助养老模式。当前的互助养老的基本理念是由低龄老年人照顾高龄老年人，由身体好的老年人照顾身体弱的老年人，通过代际接力方式完成养老（贺雪峰，2020）。互助养老模式是把养老服务先“存储”再“流通”，养老服务本身被商品化。这种自发、自治、互助形式可以解决中国居家养老存在的困境。互助养老模式的推动大都是由民间机构主导，老年人自愿参与、相互帮扶及相互救济。这是一种道德层面的互助，这种模式对相对年轻且身体好的老年人比较适合，但这种相互帮扶救助出于伦理道德，没有强制约束力，服务力量单薄、资金不足等问题亟须解决，农村互助养老发展也因此遇到了瓶颈。

一、缺乏配套的政策支持

我国互助养老模式还处在摸索阶段。2017年我国发布的《“十三五”国家老龄事业发展和养老体系建设规划》，其中就强调了互助养老，提出：“要通过邻里互助、亲友相助、志愿服务等模式和举办农村幸福院、养老大院等方式，大力发展农村互助养老服务”。2020年印发的《“十四五”国家老龄事业发展和养老服务体系规划》也提出“以村级邻里互助点、农村幸福院等为依托，构建农村互助式养老服务网络”。但是这些规划目前还没有落地的政策举措进行配套，难以保障互助养老模式的正常运营。一是互助养老管理主体不明确，具体实施互助养老的保障措施还有诸多欠缺，相关规章制度不健全，涉及各类活动安排、矛盾纠纷处理等的具体事务很难协调。二是在运用互助养老模式为困难老人提供服务的过程中，针对服务不到位、服务事故等潜在的风险由谁来承担、如何解决等问题的界定都很模糊。三是缺乏“时间储蓄”互助模式所要求的相关制度保障，该模式的运行程序比较繁杂，从建档、申请条件及“时间储蓄”都需要相应的制度加以规范。四是针对服务中可能发生的风险，缺乏相应的法律规范去化解，由于服务人员参与的初衷不一，有的是出于道德层面，有的是为降低自身在迈入老年时所带来的风险做准备，在没有相应的法律法规进行约束的情况下，其在服务过程中的服务态度及服务水平参差不齐，会影响互助养老服务的正常有序发展（张瑾，2018）。

二、老年人参与互助式养老的意识淡薄

在我国，传统的居家养老观念根深蒂固，从个人到基层组织，参与互助养老的意识很单薄。老年人由于长期受到小家意识的影响，自给自足的观念根深蒂固（文丰安，2021）。虽然基层党组织和政府做了大量的工作，付出了很大的努力，使得老年人的民主意识和权利意识不断增强，但由于多种因素的影响，老年人的社区意识较为缺乏，依旧秉承着"养儿防老"的传统观念。另外，"社区两委"或"村两委"对社会组织在本地开展互助养老的主动服务意识不足，一些"社区两委"或"村两委"干部对农村互助养老服务在意义、功能等方面认识不足，缺乏前瞻性思考和针对性引领。

三、民间组织与社会参与力量较弱

互助养老服务不仅要依靠政府倡导及扶持，还需要社会力量的支持和参与，现阶段许多地方还没有建立健全老年互助组织，社区老年协会组织的覆盖率较低。许多民间组织甚至老年人自身及其子女对互助养老服务的概念比较模糊，对这个贴合实际的新型养老模式还有待进一步认同和了解。

四、支持互助养老模式的资金渠道有限

因政府投入资金不足，个别地方也不重视，企业投资积极性、主动性不高，甚至受到了一定的抑制，互助养老模式存在前期高调、后期却

没有运行等问题。因为维持互助养老模式运行所需的资金大都来自政府拨款和社会捐赠，在这种情况下，互助养老模式可能会陷入缺乏后备资金和足够的资源支持的困境，难以维持稳定性和持续性。所以，稳定、可持续的筹资机制的建立是农村互助式养老亟须解决的问题。

第四节　医养康养相结合的政策落地实施难

我国老年人口基数大，大部分老年人至少患有1～2种慢性疾病，更有一部分老年人长期失能或半失能。患病、失能、半失能老人经常为治疗、康复、照料、看护等问题困扰。因此，老年人对养老服务，尤其是医养康养相结合服务的需求较大。

传统的养老服务难以同时满足老年人对养老服务和医疗保健服务的双重需求。医疗康养相结合模式可以整合养老与医疗资源，促进养老服务与保健医疗服务协同发展，是应对人口老龄化和慢性病挑战的重要政策工具(耿爱生，2018)。为此，我国近年来陆续出台一系列的医养康养相结合政策探索医养康养相结合养老模式，如《关于加快推进健康与养老服务工程建设的通知》《关于推进医疗卫生与养老服务相结合的指导意见》《关于深入推进医养康养相结合发展的若干意见》等政策。党的十九届五中全会将积极应对人口老龄化上升为国家战略，并提出“构建居家社区机构相协调、医养康养相结合的养老服务体系”的发展目标。《“十四五”国家老龄事业发展和养老服务体系规划》提出要“深入推进医养康养相结合”。多年来，我国探索医养康养相结合的养老模式已取得了一定成就。但是由于诸多顶层设计缺乏配套的落地政策措施，目前医养康养相结合尚存在诸多的障碍和问题，导致一方面老年人因预防保健不足而增加患病风险及经济负担，另一方面老年人一旦患病就不得不经常往返家庭、医院和养老机构之间，这既耽误老年人的及时治疗，也增加了家属的负担。

一、行业标准与法规制度不健全

医养康养相结合的顶层设计缺失，没有行业标准和法律规范，相关政策没有根据新业态和新机构出现的新问题进行及时调整完善，因而无法实现医疗与养老两大资源的高效融合。主要问题如下：第一，医养康养相结合项目审批规范缺失，目前有医院建设审批规范，但没有医养康养相结合型康复护理、老年病医院的项目建设规范；第二，医养康养相结合的收费标准无规范，医养康养相结合的成本核算和支付保障体系尚未建立，医养康养相结合的收费目前没有规范标准，按照目前的管理制度，要么看病，要么养老，医养无法结合，实施细则缺失，政策落地难；第三，“医”和“养”对老人进行分类的标准不同，我国医疗机构按照医院护理级别对老人进行分类，养老机构按照精神、心理、行为缺陷状况对老人进行分类，标准不一致导致老年群体在医疗和养老两大系统间难以顺利转接，有的老人护理服务过度，有的老人护理服务不足。

二、医养康养相结合机制尚不成熟

第一，多部门联动机制难以形成。医养康养相结合模式涉及医疗、养老、医保等内容，对应的监管机构包括卫生健康部门、民政部门、医保部门等，养老机构在民政部门或市场监管部门登记，并在民政部门备案，社区居家养老服务由老龄办组织实施，医疗卫生服务由卫生健康部门管理,医疗报销由医保部门管理。各部门在医养康养相结合模式中存在诸多交叉监管之处,易导致总体监管不到位、重要监管指标遗漏、相同监管工作重复进行、监督标准不一致等问题。同时,医疗服务和社会照料存在政策"碎片化"与管理"部门化"问题。各部门对扶持政策的认识、调整和落实较难协调一致,难以实现政策协同,各项服务资源融合不够,服务之间缺乏有效衔接。此外,多个部门之间的交叉管理也很容易形成利益争斗、推卸责任等问题,阻碍医养康养相结合的高质量发展。

第二,资金保障机制尚未建立。资金保障是医养康养相结合发展的关键性因素,但我国医养康养相结合还处于起步阶段,尚未建立长效的资金保障机制,财政对医养康养相结合服务的保障力度远远不足。加之医养康养相结合投资周期较长、成本较高、风险较大,社会资本参与医养康养相结合的积极性不高。

第三,价格形成机制缺乏规范。我国尚未出台针对医养康养相结合服务的价格标准,现有服务按单一的养老服务或专业性的医疗服务进行收费。无论是养老机构内置医疗服务还是医疗机构增设养老服务,运营成本都较高,因此我国医养康养相结合服务价格整体偏高,大多数老年人无力承担。同时,我国投入医养康养相结合领域的财政支出大多集中在公立医养康养相结合机构,加上部分养老机构内设的医疗服务未在医保报销范围内,直接导致了医养康养相结合领域出现同"物"不同价的现象。

三、医疗机构与养老服务机构尚未形成深度合作

目前,医养康养相结合养老服务在政府和政策的推广下逐渐发展

起来。医养康养相结合养老服务是将医疗资源与养老服务相结合的新型模式，医养康养相结合不只是医疗与养老资源的简单结合，而且是医疗和养老两个领域在管理理念、服务能力和专业人才等多层次的深度融合。但当前医养康养相结合养老服务不够成熟，还存在着其他较多的问题。就目前而言，医疗机构与养老机构还未形成深度合作。具体体现在以下几个方面：其一，从医疗机构内设养老机构的模式来看，由于医疗机构拓展养老功能可能会导致老年人依赖住院治疗来解决部分医疗费用，造成压床现象严重和医疗资源浪费，因此医疗机构不愿意在机构内开展养老服务（陈坤，李士雪，2018）。其二，从养老机构内设医疗机构的模式来看，养老机构内建立医疗机构也会增加运营成本，对于失能、伤残老人而言经济负担大，对老年人经济水平要求高。由此可见，养老机构与医疗机构彼此之间还没有形成良好的联动关系。此外，从医疗机构与养老机构签订合约的行为来看，医疗机构与养老机构虽签订了协议，但由于只是签约式服务，导致医疗机构与养老机构并没有真正地结合在一起，可能只是形式主义，二者没有真正地实现患者诊断信息共享，也没有做到医疗服务和养老服务互为补充，因此无法满足老年人真实的需求。

四、医养康养相结合专业护理人员短缺

当前，缺乏专业护理人员，是制约医养康养相结合机构养老服务进一步发展的重要因素之一，医疗护理和养老服务专业人员是开展医养康养相结合养老服务模式的人力资源保障，直接关系到老年人接受的服务质量的高低，因此专业护理人员对于医养康养相结合机构而言十分重要。目前，我国养老机构的专业人员稀少，无法满足日益增长的老

年人的数量。同时,医养康养相结合养老服务机构也面临着招工难、专业人才缺失等问题。在大多数开展医养康养相结合养老服务的机构中,不仅护理人员少,能够给老年人提供诊断的专业医生更是少之又少。一方面,从医疗机构内设养老机构的模式来看,医疗机构中的护理人员既要掌握专业护理知识,还要懂得一些养老服务的技能,这样医养康养相结合型的专业人才目前十分欠缺。另一方面,从养老机构内设医疗机构的模式来看,养老机构中的护理人员的收入普遍低于其他专业型医疗机构,导致养老机构中的护理人员招工困难,人员更为紧缺。此外,医养康养相结合养老机构的服务对象主要是生活无法自理的老人,对护理人员的要求高,但由于护理人员数量缺口大,学历层次大部分都较低,所以更难以满足医养康养相结合养老机构的需求。

五、医保政策缺乏引导树立健康老龄化的观念

养老是一个多维的系统性、复杂性工程,不仅是经济社会问题,亦是健康问题。将健康养老理念和预防保健服务全面深刻地融入居家养老、社区养老和机构养老是契合健康中国战略的时代诉求(穆光宗,胡刚,林进龙,2022)。养老的最高境界是"生活自理,老有所为,无疾而终"。健康老人越多,就越能为国家、社会、家庭、子女节约大量资源和时间,也有助于构建形成全民健康幸福型社会。

尽管我国已建立起基本的医疗卫生保障制度,为老年人疾病风险干预提供了基本的制度支撑,但长期以来,我国医保政策及相关部门更为关注患病或失能老年人,对生活能够自理老人的关注较少,缺乏引导树立健康老龄化的观念。从理论上讲,保险不仅是一个"风险管理人",还应该是一个"风险控制人"。疾病风险能否控制以及如何控制,关键

在于是否重视和强调预防和保健。我国的健康理念发展较慢，每100万元医疗费用中，有99%用于治疗，只有1%用于预防；而在发达国家，用于预防和治疗的费用的比例为7∶3，这表明我国医保政策对预防保健服务的重视还不够，国人的健康观念意识也有待加强。

第五节 资金投入不足与老年人购买力弱

在党中央、国务院一系列推动养老服务体系建设的政策、措施的推动下，中央政府各部门和地方各级政府结合实际纷纷出台配套的法规、政策、措施，引导动员企业、社会组织、家庭共同参与养老服务供给，目前我国养老服务体系建设已取得一定的成就，但是养老服务体系建设资金投入不足与老年群体的服务购买力不足仍是发展养老服务体系建设急需解决的问题。

一、财政建设资金投入不足

养老服务体系的建设需要财政资金投入。目前中央财政对养老服务体系建设投资较少，如“十三五”期间，中央财政五年仅投入50亿元支持全国203个地区开展居家和社区养老服务改革试点，各地主要靠地方财政资金支持完成养老服务体系建设规划规定的建设目标。而地方财力薄弱的欠发达地区，中央投资项目的地方配套一般都难以实现，尤其是由于县市级财政更加困难，使得一些养老服务项目半途搁置。

二、财政资金投入精准性欠佳

养老服务体系的建设需要大量的财政资金投入，财政资金的有限性决定了财政资金投入应满足急需的养老服务，发挥其最大效用。然而，目前一部分财政资金的投入与服务需求的匹配性不够强，主要表现在以下三个方面：

第一，对社区养老服务设施建设的资金投入偏弱。基于老年人的养老习惯及养老成本因素，近年来党和政府越来越重视居家社区养老服务设施的建设，但是碍于社区场地的限制和老城区空间的狭窄，购买和租房成本较高，拓宽服务场所并非易事，当前各地大多停留在局部示范建设阶段。此外，社区居家养老服务中心、农村幸福院、农村老年人互助照料中心等社区居家型养老服务设施的建设和运营多由较低层级政府负责，但基层政府财力本来就有限，其用于社区养老设施建设投资和运营的补贴的比例更是少之又少，因此这些养老服务设施的建设往往不够完善。

第二，建设资金投入结构欠佳。例如，老旧小区的适老化改造因缺少财政资金支持还未有普遍的实质性推进；对社会需求很大的医护型床位的建设缺乏统一的财政扶持政策；对老年助餐、老旧楼房自动升降设备配置等紧缺的居家养老设施配置和养老服务专业人才队伍的建设等缺乏专项财政资金支持，或缺乏更加细化的导向性专项补贴。

第三，补需方的政策覆盖面相对狭窄。目前我国养老服务体系建设各类财政资金的基本投向是补供方，而补需方的政策对象范围多是集中在城镇“三无”及农村“五保”老人，或扩大到一定年龄以上的低保及低保边缘老人、经济困难（支出性贫困）的失能半失能老人、计生特扶老人及高龄老人等特殊人群。养老服务券等补贴形式对带动老年人群养老服务有效需求的效果不甚显著。

三、养老服务设施运营缺乏资金支持

由于中央财政侧重支持养老服务体系的建设环节，基本不承担运营环节的资助和补贴，尽管各地根据国家政策不同程度地安排了运营补贴，但总体上而言，重视程度仍不够，补贴力度仍不足，导致硬件设施闲置的问题开始凸显，既存在几千张床位的大型机构设施无人经营运转的情况，也存在基层乡镇敬老院运转艰难或床位普遍空置且缺乏后续经费支持的情况。很多地理位置远、资金投入少、装备设施差、服务项目少、管理不规范、监管不到位、运营经费不落实的兜底性、非营利性的乡镇养老院、村幸福院、社区日间照料中心等难以维持。

四、老年群体购买力弱影响养老服务供给

有规模的养老服务市场的形成首先要有有效需求，在有效需求的拉动下才会产生供给，需求和供给在价格机制的作用下，在趋向均衡的过程中实现市场的资源配置。养老服务有效需求是指有支付能力的养老服务需要。以收入和家庭财产多寡进行衡量，可将我国老年人分为高收入、中等收入、低收入、极端困难四类群体。我国高、中收入老年人有高、中端养老服务需要，但是这两类老年人在我国老年群体中所占的比例还是较少。低收入老年人有提高和改善老年生活水准与老年生存质量的愿望，但是个人收入与家庭财产的约束以及社会能够提供帮助的量与质的限制，制约着该类老年人养老服务需要向养老服务有效需

求的转化。现阶段，我国还有一定数量低收入或缺乏固定收入来源的鳏、寡、独、残、失能、失智等极端困难群体，他们的养老服务有效需求直接取决于政府帮助和社会支持的数量、质量与可及性（张思锋，2021）。

"未富先老"和居民购买力水平低增加了养老服务供给的困难性和复杂性。未富先老是当前我国的基本国情，我国老年人收入普遍不高，中等收入、低收入、极端困难老年人在我国老年群体中所占的比例较大。此外，职工养老保险基金隐性债务较重，多个省份社会养老保险基金入不敷出，企业负担加重，财政每年需对其进行巨额补贴；养老金账户资金统筹层级过低，管理能力不强，保值增值能力有待提升；居民缺乏财产性收入，尤其是农村老人和城市中丧失劳动能力的老人，其主要依赖子女供养和社会救助。多年来，各级政府和社会组织通过不同途径为特殊困难老人等提供的各种福利性补贴类别繁多、规模不小，但使用分散。

第六节 养老服务专业人才供给不足

养老服务人才是为老年人提供专业化照护服务的基础保障，是养老服务体系建设的必备条件。而养老服务工作的社会认同度低、收入待遇低、工作压力大和面临风险高等问题没有得到有效解决，导致养老管理和专业技术人才严重缺乏。根据国际惯例，养老护理员与失能老人人员的比例一般为 1∶3。如果依据照护失能老人与养老护理员 3∶1的配置标准估算，我国至少需要 1400 万养老护理人员。但截至 2018 年年底，全国养老机构和设施职工人数为 192.3 万人，养老护理员仅为49万[①]，养老服务人才缺口巨大。

一、薪酬待遇偏低，难以留住人才

养老服务人员薪酬待遇偏低，工作强度大，这种工作内容与劳动待遇之间的严重失衡，不可避免地导致养老机构护理人员队伍的不稳定，使得人员流动性较大。据统计，全国养老职业教育毕业生到岗第1年的离职率为30%，第2年为50%，第3年则在70%以上(郭丽君 等，2019)。此外，具有专业技能的老年护理和老年社会工作知识背景的保健师、营养师、心理咨询师等专业人员又因工资报酬及社会氛围的制约，不愿从事养老服务业，特别是不愿进入社区开展社区居家养老服务。

二、行业标准缺失，职业发展遇瓶颈

目前，我国养老服务行业缺乏统一的服务质量标准。虽然我国已经出台了明确的养老服务人才国家职业标准，但其只是对养老护理员的等级进行了划分，明确了各个级别护理人员的工作内容，建立了资格认证制度，并不是强制的职业认证标准。目前养老服务人员大多没有经过专业的技能培训，其主要原因如下：一是养老服务行业没有准入职业资格要求，转岗人员进入养老服务领域的门槛较低，缺乏参加专业培训的压力和动力；二是在岗人员工作任务重、责任大，岗位人手紧缺，缺少参加专业培训的时间和精力；三是养老机构往往关注考取养老护理

① 中华人民共和国民政部.中国民政统计年鉴(2019)[M].北京：中国社会出版社，2019：87，109.

员资格证书培训，较少重视技能提升培训，即便是取证培训，人们看重的也是结果而非过程，由此导致大量的养老服务人才培训流于形式。

三、社会地位低，院校招生困难

受传统观念影响，人们一般认为养老护理职业的含金量低，行业门槛低，老年服务是“没有前途的、低工资的苦差事”。较低的社会地位自然吸引不来受教育程度较高的青壮年劳动力，因此目前从业者以40～50岁的人员为主。较低的社会地位就导致两种结果：一方面，部分人员会直接选择其他职业；另一方面，受社会观念和雇主态度的影响，选择继续从事本职业的人员在工作过程中难以产生成就感，周围环境所产生的负激励也会动摇其职业选择。

社会地位低在很大程度上弱化了从业人员的职业认同感，导致学生报考养老服务相关专业意愿低，中、高职院校即使开设了养老服务专业，却面临招生难困境。截至2018年，我国开设养老服务相关专业的高职院校仅有32所，所有院校老年服务与管理专业毕业生总数仅有4554名，而在校生总数目前仅有3638名；中等职业院校仅有25所，总计年招生数仅约2500人（王天鑫，韩俊江，2018）。

四、工作性质特殊，劳动强度高

照护老年人是一项十分繁重费时的劳动，尤其是对于失能失智的老年人，由于身体或精神原因，需要护理人员全时段、全身心的照料看护服务，稍有疏忽，都会对老人带来不利影响，甚至可能导致不良事故的发生。这就要求养老护理员不仅要有良好的身体条件，而且要有较强的身体适应性及耐心，能够根据照护对象的身体状况、休息时间进行自我作息调整。此外，现在也有不少养老机构由于观念陈旧或企业投入不足等问题，先进辅具应用较少，养老照护还停留在依赖于人力、体力的阶段，这不仅降低了养老服务的质量和安全性，也增加了养老护理员的劳动强度和职业风险。

五、人才培养机制滞后，养老服务人才缺乏

我国养老服务人才培养的机制严重滞后于老龄化进程，导致我国养老服务人才培养体系不够完善。具体而言：师资力量较薄弱，养老服务与管理方面的专家能手和专业带头人不足；课程设置不够合理，可供参考使用的教材较少；培养层次比较单一，大多数护理工作者都是由中职卫校培养，设置相关专业的高职院校较少，缺少养老服务管理人才及研究型人才。我国2000年才开始首批高专、高职教育教学改革试点，开设了与老年服务和管理相关的专业，之后63所院校虽也相继开设了家政服务、社区康复、老年服务与管理、护理等专业，但占高职院校总数的比例不足5%（王天鑫，韩俊江，2018）。除少数高职院校设置了老年服务与管理等相关养老服务专业外，真正高层次的养老服务人才科研基地、培养基地严重不足，这也极大制约着师资队伍的建设和高层次人才培养。

目前我国养老服务人才培养普遍具有以下特点：一是养老服务劳动力多是40～50岁之间的农村进城务工人员，普遍缺乏基本的技术素质，而且年龄偏大。二是文化程度普遍较低。养老一线服务人员大多为小学毕业，文盲也为数不少。三是医护人员、康复师、心理咨询师、营养师等专业人才严重不足（李红武，2014）。

第七节 适老环境设施建设较为落后

适老化是指适合老年人身心特点且能够提高老年人生活质量和社会参与度的一种状态。老年人居住、出行、就医、养老以及社会参与等方面不适老，影响了老年人的生活质量，增加了老年人受到意外伤害的风险，加大了医疗保险支出。随着人口老龄化程度不断加深，我国日益重视适老化改造和适老环境设施建设，以营造适老宜居环境，提高老年人居家养老生活质量和养老服务社会效能，但是在此过程中，我国部分基础设施建设未能前瞻性地考虑到人口老龄化的速度，出现了许多不利于老年人居住、出行的问题与隐患，现有环境设施难以满足日益凸显的老龄社会需求的问题，目前适老环境设施建设仍面临一系列问题和挑战。

一、现有的“适老化改造”政策落地难

“适老化改造”就是依据老年人群的生理特点及生活习惯，对老年人住宅及周边环境进行适老性设计，消除潜在的不安全因素，营造满足老年人生理、心理需求的安全、便利、舒适的宜居友好环境。我国国家层面出台了不少政策和规划支持适老化改造，地方政府也相应制定了一些配套政策措施。虽然相关的政策、计划和行动在一定程度上改善了老年人居家养老的环境和条件，但仍然缺乏面向众多老年家庭居住环境改善的系统性、可操作性的政策、计划、项目评估、融资、市场培育和监管等方面的制度保障（张瑾，2018）。

在具体实践中，主要存在两方面的问题：一是适老化改造存在资金困难问题。适老化改造包括住宅内部设施改造和社区环境改造，由政府、个人、社会共同出资最为合理。目前老旧小区改造的多渠道融资机制尚未建立起来，改造资金仍主要依靠政府财政支出；作为土地开发主体的房地产企业，对于这些困难大且利润低的旧改项目本身就没什么兴趣；居民个体参与积极性也不高，这就造成适老化改造资金缺口大、资金投入持续性不足等瓶颈问题。二是利益协调机制不完善。适老化改造需要居民进行资金分摊、动用维修基金改造电梯和公共通道，但涉及群体利益的协调机制不完善。当前适老化改造的社会认知度并不高，很多人并没有认识到老旧小区适老化改造对于提高老年人生活质量的重要性，同时老旧小区的流动人口数量较多，这增加了协调各方利益、推动适老化改造的难度。另外，从适老化改造中直接受益的是老年人而非年轻人，加装电梯项目也主要使高层住户受益，但各地政府对低层住户利益损害如何补偿并没有提出指导性意见，且多地地方政策同时规定"既有住宅加装电梯应经加装电梯所在单元全体业主同意"，然而使所有业主达成统一意见的协商协议难度很大，这造成部分老旧小区适老化改造无法获得实质性的推进（张齐超，2021）。

二、适老环境建设理念滞后

经过多年的缓慢发展，当前与适老化改造关系密切的项目仅包括加装电梯、修补破损地面、整治小区私搭乱建等少数几项，甚至部分老旧小区改造仅停留在节能改造、增设扶手和管线改善等方面。适老化改造内容单一且流于形式，远远无法满足老年人对其居住环境的适老性需求，而适老化改造的重要内容如室内环境改造、社区设施适老化改造等却并未被多地列入老旧小区改造项目。从总体上看，虽然老旧小区改造能改善居住环境，但相关主体对适老环境建设理念更新不足，较少考虑老年人生活需求，老年人居住环境的适老化程度尚未在广度和深度上得到提升，相应的适老化产品研发生产体系和产业链也尚未形成。

三、适老化改造相关标准和规范缺失

随着各城市对既有社区改造工作的开展和推进，我国亟须明确适用于适老化环境改造的统一标准。然而，当前我国仍尚未出台强制性、可操作化的适老化改造相关标准和规范，只有部分倡议性、建议性的标准和规范。住房和城乡建设部门无法强制性要求开发商按照相关标准和规范执行，难以科学指导老旧小区适老化改造建设。现行相关建设标准和规范大多只适用于新建设施，缺乏对于以改造为主的既有社区养老服务设施的针对性指导（程晓青，张西华，尹思谨，2018）。虽然行业标准《老年人照料设施建筑设计标准》（JGJ450－2018）已于2018年10月开始实行，但已有规范和标准专门针对为老年人提供集中照料服务的养老设施和老年人居住建筑（属于公共建筑），均不适用于既有社区室外环境的适老化改造。面对我国当前快速老龄化的趋势，既有社区室外环境作为老年人使用时间最长、使用频率最高的重要空间，亟须建立通用的适老性设计理念与适用的改造标准对其建设进行规范，使适老化改造有章可循。

第八节　跨部门协作格局尚未形成

养老服务业涉及生产、流通、经营、消费等各个环节，民政部门无法一肩挑、全承担，需要发展改革委、财政部门、人力资源和社会保障部门、规划部门、市场监管部门、自然资源部门、税务部门、卫生部门、医保部门、金融部门等相互协同，形成合力。从各地实践情况看，部门间管理交叉重叠，职责界定模糊，缺乏有效的协调配合，导致工作中时常出现利益冲突，难以合力推动养老服务业发展。

一、养老服务发展中“条条”协调与存在的问题

养老服务体系建设涉及部门众多，但相关部门之间条条分割，未能形成协调统一的管理机制，不仅使得家庭养老、社区养老、机构养老服务未能形成合力，而且也影响到了养老服务体系的建设与完善（张瑾，2018）。养老服务形式多样，并且需要随着老年人服务需求的变化不断创新，因此解决部门条与条之间的协同矛盾尤为重要。养老服务发展中“条条”协同的问题主要体现在以下方面：

（1）社区医养结合服务发展与卫健部门的协调。对于承担老年康复和护理服务的社区养老服务机构（包括承担老年长期照护服务的社区定点机构），其人员所需具备的资质或准入门槛几乎等同于医疗机构。一方面，老年康复护理机构极其短缺；另一方面，有意进入该类机构从业的人员又面临着过高的准入门槛。老年照护工作与老年医疗护理工作的要求毕竟有所不同，过高的准入门槛限制了社会日间照料机

构、老年护理站等老年长期护理服务点的建立与发展，也必将成为老年长期护理保险推广的一大障碍。

(2)养老服务机构设施建设与土地规划部门的协调。城市养老服务设施的建设首先面临着土地资源稀缺的限制，将闲置的公益性设施用地优先用于养老服务设施建设，将空闲厂房、学校、社区用房等进行改造和利用，兴办养老服务机构，开通养老服务设施用地“绿色通道”，简化养老服务设施用地审批手续，确保养老服务设施用地的优先使用，都需要得到土地规划部门的政策支持。

(3)养老服务机构发展与财税部门的协调。养老服务业具有公共服务的特点，理应享受一定的税费优惠。从税收类政策出发支持养老服务业的发展应主要从两方面着眼：一是全面落实国家已经出台的支持养老服务业的相关税收优惠政策；二是从企业实际需求出发，进一步完善地方性税收优惠政策，具体包括营业税、企业所得税、个人所得税、房产税和土地使用税、行政事业收费、其他税收六部分内容。费用优惠是指民水民电的优惠和对应补贴，目前仍有部分养老机构无法享受或无法全部享受。

(4)社区养老助餐服务供给与食品卫生监管部门的协调。社区老年助餐的利润微薄，其用房、用人、交通工具等方面受到成本的约束比较大。然而，食品卫生主管部门要求养老助餐组织拥有 200 平方米的操作间，且上门送餐车辆具有温控设备等，提高了小微企业进入这一行业的门槛。

(5)社区养老服务类社会组织经营与金融部门的协调。社区养老服务组织以小企业为主，养老服务是公益性的微利行业，因此尤其需要对这些小企业开放养老信贷，加大对养老服务业的贷款投入，重点从创新金融支持、优化金融环境两大方面，在坚持风险可控的前提下，进一步拓展融资渠道、鼓励金融产品和服务创新，营造良好的金融环境，鼓励和引导更多社会力量参与养老服务业。

二、养老服务发展中"条块"协调与存在的问题

（一）基层政府落实政策的动力机制尚未形成

在养老服务发展过程中，民政部门作为首要职能部门，与发改委、人社部门、卫健委、住建委等位于"条"上的各个部门共同承担着顶层设计的责任。但是，养老服务体系的建设归根结底还是需要依靠位于"块"上的各级政府加以落实。虽然各地推进养老服务的各项政策如雨后春笋般陆续出台，但是落实的效果并不理想，许多问题依然没有得到解决。这是因为推动养老服务发展的各项政策在"块"的落实中遇到重重阻力，作为"块"的区、街道等基层政府落实各项政策缺乏动力（张瑾，2018）。

区县和街道等基层政权组织在落实一系列养老服务政策的过程中，有一系列实际问题需要解决，最主要的是解决资源短缺的问题，如场地、资金、人力资源等问题，尤其是中心城区的养老用房问题，大量的养老服务机构使用无产权、性质不明确的用房，这已成为养老服务政策落实中的一大瓶颈问题。上海市政府通过每年公布市政府实事工程，把落实养老服务的任务作为各区县绩效考核的硬指标强势推进，强制性地推进各项养老服务发展政策在"块"上的落实。这一协调条块矛盾的手段虽取得了一定的成效，但也留下了一些后遗症，如市政府将指标分解到区县，区县将指标分解到街道乡镇，层层下达，"块"的政府对于发展养老服务政策的落实完全是以指标为导向的，虽然的确完成了考核指标，但很可能又偏离了养老服务政策确立的既定目标，导致供需不

匹配的困境出现。

综上所述,若要保证来自“条”上的政府的顶层设计能够落实到位,需要条块之间拧成一股绳,协同作战方能真正实现目标。因此,建立基层政府落实养老服务政策的动力机制显得越来越紧迫。

(二)“分灶吃饭”的财政政策影响养老服务政策的落实

在基层政府落实养老服务政策的过程中,还遇到来自现有财政政策的阻力。目前的状况是市、区二级财政“分灶吃饭”,市政府可以对各区县下达养老服务的具体任务指标,同时也把落实政策所需要的财政责任下放到区县层级。然而毕竟不同区县的财政实力强弱不均,提供财政支持的能力也必然有强有弱,更何况养老服务财力、物力、人力等资源不足的问题本来就很突出,如何克服重重困难保证这些政策的落实便成为难题。即使解决了基层政府的动力机制不足的问题,财政力量短缺也会阻碍养老服务的发展。

第五章 养老服务体系建设国际经验与启示

第一节 瑞典养老服务体系建设经验

作为世界上最早步入老龄化社会的发达国家之一，瑞典积累了宝贵的养老设施建设经验，值得我国学习借鉴（周燕珉，林婧怡，2018）。

一、瑞典养老服务设施的发展与经验

（一）瑞典养老服务设施的发展状况

1.瑞典养老服务设施的发展历程

（1）1918 年以前：家庭养老，公共济贫。1918 年以前，瑞典尚未出现专门的养老机构或专业化的养老服务，法律规定由子女承担赡养老年人的义务，因此家庭养老是当时唯一的养老服务模式，而那些没有亲戚子女可以依靠、经济条件不足以满足养老需求的老年人，只能求助于济贫机构，但由于国家政府对济贫工作没有直接的控制，地方对济贫工作的执行状况良莠不齐，并且存在很多矛盾和问题，因而引起了各方的

普遍不满。

(2)1918—1950年:养老机构的快速发展建设。1918年,瑞典议会做出了贫困救济改革的决议,其中要求每个市政府必须于10年之内在其所辖范围内至少建立起一所或与其他市政府共同运行一所"退休之家",并规定这种"退休之家"应面向"正常变老"的所有老年个体开放,而不仅仅是面向贫困者,这标志着机构养老模式在瑞典正式确立,养老机构就此诞生。

1930至1950年间,瑞典建设了大量的"退休之家",并不断提升住房条件和服务质量,着力消除其贫困特征,使之成为瑞典老年公民可以普遍享有的养老机构。

(3)1950—1980年:居家养老的发展。1950年,受到英国养老服务发展的启发,瑞典开始发展居家养老服务。相比于机构养老,老人更愿意接受居家养老的服务模式,因此居家养老服务开展不久,机构养老服务需求就出现了相应的减少。

1960至1970年间,随着老年人口比例的增加以及老人对养老服务接受程度的提高,瑞典的居家养老服务和机构养老服务得到了迅速的扩展,覆盖了更广的人群范围,并出现了能够在老人独立居住生活时提供上门服务的护理之家。

(4)1980—1990年:立法保障养老服务,提高接受养老服务的门槛。20世纪70年代末,瑞典颁布了《社会服务法案》,通过立法的方式将养老服务确立为公共责任,以保障老年人的居住条件和接受公共养老服务的权利。

随着老年人口数量的迅速增长,各地政府在公共养老服务方面所承担的压力愈发沉重,因此不得不提高老人接受养老服务的门槛,缩小服务范围,削减经费开支,使得公共养老服务在一定程度上成为主要针对独居、需要全天候照护服务并且最为脆弱的高龄老人的专项服务。

(5)1990年以来:去机构化、市场化。1990年以来,瑞典的养老机构无论在规模上还是硬件条件上都得到了进一步改善,并成为缓解医疗机构床位压力,分担医疗护理功能的重要场所,为那些居住在医疗机构中,已达到出院条件,但生活仍然不能自理的老年人提供照护服务。相比于医疗机构,养老机构呈现出"去机构化"的发展特点,居住、生活环境更贴近老人的家庭,更易于老人接受。同时,在此期间,瑞典在养老服务的提供方面上引入了市场化的机制,鼓励通过竞争来优化养老服务的资源配置,节约养老服务成本。此外,瑞典养老服务设施的类型、体系也得到了进一步完善,细分出了适老化公寓、失智老人之家、养老院、疗养院等新的建筑类型。

(6)21世纪至今:作为世界上人口老龄化程度最高的国家之一,瑞典已经建立了最为科学先进的养老服务体系,并成为最适合养老的国度。只要居家养老的人有需要就可以向当地主管部门提出申请,公立或者私营的护理服务公司都可提供服务。私营护理服务公司的存在打破了公立服务公司在市场上的垄断局面,市场良性竞争使得公立养老护理机构不得不想办法提升服务品质以立足市场。

瑞典的养老服务体系在最近的一百年来,经历了一个由家庭责任到公共责任、由贫困救济到普遍权利、由非专业化到专业化的发展过程,养老服务设施的类型、体系也随之变得越来越完善。

2.瑞典养老服务设施的空间演变

(1)1960年以前:三合院式的"退休之家"。1960年以前,"退休之家"是瑞典较为普遍的一类养老设施,由房屋经理(运营者)和退休的企业员工共同居住。"退休之家"多采用类似于三合院的平面空间形式,建筑中部设有公共餐厅、活动室等公共活动空间和厨房、储藏室等后勤服务空间，两侧则设有老人的居住空间。当时居住条件还较为落后，老人居室多为没有独立卫浴的双人间或多人间。作为降低运营成本的手段，居住在设施当中的老人需要承担打扫卫生、修剪花园、准备餐食等义务工作。

(2)1960—1980 年：单元公寓式的“护理之家”。20 世纪 60 年代至 80 年代，瑞典出现了一种新型的养老设施——“护理之家”，在建筑形式上类似于现在的适老化公寓，采取适合出租的经营模式，可为居住在其中的老人提供上门服务，适用于尚有独立生活能力的老人。

(3)1980—1990 年：小型组团式的养老设施。20 世纪 80 年代至 90 年代，小型组团式的居住空间模式在瑞典的养老设施中兴起，该模式采用小型化的单人居室，共能容纳 6～10 位老人，平时老人们能够在组团的公共空间内进行烹饪等活动，营造了较好的居家生活氛围。

(4)21 世纪至今：瑞典养老设施沿用并发展了组团式的居住空间形式，组团划分方式更为灵活。例如，可在同一标准层内布置多个组团式的居住空间，根据护理服务需求的差异对不同楼层的居住空间进行划分。

（二）瑞典养老服务设施建设的经验

1.地方政府主导，多元主体参与

瑞典养老服务设施的建设主要由地方政府主导，鼓励社会资本介入，形成了政府、企业、基金会、福利机构、非营利组织等多元主体共同参与的发展局面。在这样一个合作模式当中，政府通过有效方式筹集养老服务资源，进行决策，制定养老服务标准和行业准入制度。然后，适度引入市场竞争机制，将部分养老服务以招标的方式外包，调动社会力量参与竞标，以价格和服务质量取胜的主体获得相应的养老服务供给机会。这样的建设模式不仅有利于缓解地方政府的财政压力，而且能够较好地保证养老服务的质量。

虽然发展至今，私营部门建设和运营的养老服务设施数量远不及公立机构，但私营部门的介入给瑞典的养老服务市场注入了很大的活力，其市场份额有望进一步提高。

近年来，除了上述养老服务的供应主体之外，老人的家人、邻居、朋友等非正式养老服务提供者的重要性正被重新发掘，成为养老服务供应主体当中的一支新兴力量。

2.建立专门的失智老人之家

瑞典是世界上第一个为失智老人建立专门照护设施的国家。早在20世纪70年代，养老服务行业的工作者们就已经开始关注失智老人的居住和照护问题，并展开了相关的研究和探索。他们意识到，无论是自家住宅、普通养老院还是精神病院都不是最适合失智老人的居住场所，有必要建立一个更为家庭化的养老设施，对失智老人进行专门的照护。1984年，第一家失智老人之家在斯德哥尔摩市郊建成，随后在瑞典全国各地推广建设。

与普通养老机构提供医疗护理和生活照护服务不同，失智老人之家的设计原则是尽可能营造居家生活的氛围，保持老人生活的自主性。典型的失智老人之家通常包括6～8间单人居室，每个居室都设有卧室空间、起居空间和独立的卫生间，居室围绕一个设有厨房和起居室的公共活动空间进行布置。平时，老人们会聚集在公共活动空间中，在工作人员的引导下，像一家人过日子一样进行日常生活，一起聊家常、做游戏，完成做饭、洗碗、扫地等家务活动。

建立专门的失智老人之家对失智老人进行照护，不但有助于保持老人的自主生活能力，而且能够有效延缓失智症状的进一步恶化。因此，这一模式在瑞典国内广为推行。日本、美国和欧洲其他一些国家也学习借鉴了失智老人之家的建筑模式，并发展运用到了各自的养老设施建设中。

二、瑞典养老居住模式

目前，瑞典共有居家养老、公寓养老和机构养老三种养老居住模式。其中，居家养老是瑞典政府大力推行的养老居住模式，覆盖了超过90%的老年人口。在另外不到10%的老年人口中，约有七成居住在疗养院、养老院等养老机构中，三成居住在老年公寓中（夏艳玲，2015）。

（一）瑞典居家养老模式

居家养老是目前瑞典最主要的养老居住模式。瑞典政府推崇“最大限度地让老人住在自己家里养老”，主要出于两个原因：一方面，居家养老有助于老年人保持生活的自主性，相比于其他养老方式而言更加人性化和个性化，也更能给人私密感和安全感；另一方面，机构养老的经济负担较为沉重，不适宜大规模推行，尽可能延长老人的居家生活时间，有助于降低他们对养老机构的依赖程度。

瑞典的居家养老服务主要由地方政府的社会福利部门提供，服务项目主要包括家庭居住环境的适老化改造、送餐上门、安全警报、清洁卫生、交通出行、家庭护理援助、日间活动安排、居家医疗照护等。除了政府提供的正式服务之外，养老服务当中还包括非正式照顾者（如亲友、社工、志愿者等）提供的非正式养老服务，作为正式服务的有力补充。此外，社区中还设有日间照料中心和短期居住设施，用于缓解家庭照护者的照护负担。当老人需要居家养老服务的时候，可以向当地主管部门申请，通过实地评估，确定服务的项目和频率。

（二）瑞典公寓养老模式

瑞典的公寓养老模式兴起于20世纪70年代，对应的建筑类型是由政府或房地产企业开发建设的适老化公寓，年满55岁的人群可申请入住。适老化公寓不但满足了各项无障碍设计要求，而且为老人提供了餐厅、小卖部、门诊室等公共服务设施，并配有专门的员工为老人提供服务。居住在其中的老人除了可以享受到绝大多数的居家养老服务之外，还可以充分利用公寓内的公共服务设施，自主举办餐会、酒会等社交活动。

对于那些没有能力购买私人住宅或居住在未经适老化设计的老旧住宅中的老年人而言，适老化公寓为他们提供了一个非常好的选择。

21世纪后，瑞典的适老化公寓迎来了建设高峰，通过新建、改造或功能置换，四五年间适老化公寓的数量实现翻倍。近年来，随着住宅适老化程度的逐步提高和居家养老服务的日趋完善，适老化公寓的需求量出现了一定的下降。

（三）瑞典机构养老模式

在瑞典，选择机构养老的大多是丧失生活自理能力、难以通过居家养老服务满足自身生活照护需求的老人，且部分出现了失智的症状，因此这些老人所需的护理程度通常较高。在瑞典，为这类老人提供服务的养老机构统称为专门住房，它们能够为老人提供全天24小时的生活照护服务，并根据不同老人群体的身体状况提供医疗护理、失智照护、临终关怀等服务。

根据面对人群和服务内容的不同，瑞典的养老机构又可细分为养老中心、护理院、失智老人之家。其中，养老中心主要面向需要长期连续性照护的老年人，属于比较传统的集体居住型养老机构，为老人提供独立居室、公共活动空间和24小时的生活护理服务。护理院主要面向需要医疗护理服务的老年人，提供老年急、慢性病的诊断和治疗，中、重度失智症的干预和治疗，以及临终关怀等服务。失智老人之家则主要面向具有轻度或中度失智症状的老年人，采用小规模组团化的居住生活模式为老人提供生活照料。

经过了长期的探索和实践，瑞典已经形成了一套较为成熟的养老居住模式，并有了与之相适应的老年建筑类型。

三、瑞典养老服务设施的空间特征

（一）组团式的居住单元

瑞典是世界上第一个在养老设施当中引入组团式居住单元的国家。在组团式的养老设施当中，每个居住组团设有独立的出入口，组团内部包括 6～10 位老人的独立居住空间，起居、用餐、厨房等公共活动空间，以及卫生间、清洁间、办公室、储藏室等辅助服务空间。老人居室多围绕中央的公共空间进行布置，使得每间居室都能够与公共空间保持较近的距离，老人走出自己的居室时看到的不是走廊，而是组团公共空间，有助于形成亲切、温馨的居住生活氛围。

（二）高品质的居室空间

瑞典养老设施较为重视营造高品质的老人居室空间，经过了长期的发展，设施中的老人居室发生了一些较为显著的变化。没有烹饪条件和独立卫浴的居室已明显减少，与亲友之外的人同住一个房间的情况也很少出现了，目前在专门住房中最受欢迎的是带有厨房和独立卫浴的一室或一室半户型。

相比于其他国家养老设施的老年居室而言，瑞典专门住房中的老人居室面积相对较大，一些单人居室的使用面积可达到 $30m^2$。房间内除了有卫生间和卧室空间之外，还留有一定的餐起空间，用于布置沙发、餐桌、橱柜等家具的居室面积的增大，在一定程度上给老人的居住生活带来了更多的可能性，老人在自己的房间当中就能够满足自身做饭、接待客人、培养业余爱好等活动的空间需求，弱化了养老设施的机构感，提高了老人居住生活的质量。

（三）重视辅具设备

由于瑞典的人力成本较高，养老设施的护理人员数量通常较少，有时仅仅依靠人力来满足老人的移动、如厕等照护需求较为困难。因此，瑞典养老设施较为重视辅具的应用，通过器械的辅助，减轻护理人员的工作强度，提高工作效率。

例如，对于一些长期卧床或行动不便的老人而言，从床上移动到卫生间较为困难，即便在护理人员的协助下，也需要耗费较长的时间。因此，在一些瑞典的养老设施当中会安装吊轨，用于运送老人。吊轨被固定在老人居室的天花板上，连接老人床位、卫生间、居室入口等关键位置。当老人需要移动时，护理人员仅需使用安全带将老人以正确的姿态固定在吊臂上，即可启动设备，将老人吊起并移动至所需到达的位置。

类似吊轨这样的设备还有不少，在人员配置较少的情况下，辅具等设施设备的应用使瑞典的养老设施依然能够保持较高的服务质量和效率。

（四）注重居家感受

（1）居住空间，鼓励老人自带家具，对房间进行个性化布置。瑞典养老设施鼓励老人自带家具和装饰品对房间进行个性化的布置。通常情况下，养老设施的老人居室当中只提供护理床、多功能床头柜等最为关键的家具，其余的家具，如餐桌椅、沙发、柜子则鼓励老人根据自己的需求从家中自带。此外，老人还可以把窗帘更换成自己喜欢的样式，在房间内摆放自己收藏的饰品，在墙壁上悬挂自己喜欢的图画，甚至可以把墙壁刷成自己想要的颜色。

通过鼓励老人对房间进行个性化装饰，一方面能够唤起老人对生活的热爱，帮助其养成更加积极的生活态度；另一方面则有助于营造出老人熟悉的居住环境，帮助老人适应养老设施当中的生活。

(2)公共空间：采用家庭化的装修风格，营造居家氛围。瑞典养老设施中的公共空间设计大多采用家庭化的装修风格，营造温馨的居家生活氛围。在色彩搭配上，多采用木色、白色和一些鲜亮的颜色，给人以温暖、干净、明快的视觉感受。在家具选择上，一些设施更倾向于采用老式或带有复古风格的家具，以便能够使公共空间的环境更加贴近老人熟悉的家庭环境。

（五）重视员工空间

瑞典养老设施较为重视值班办公、后勤服务等员工空间的设计，在建筑设计之初就预留了较为充足的功能用房，并考虑了运营管理的需求。

在值班办公空间中，养老设施首层的服务站通常与休息厅结合进行布置，以便使工作人员既能够照看到公共空间中老人的活动情况，又能够就近为老人提供其所需要的服务。标准层居住空间中的护理人员办公室通常位于走廊的转角处，并面向走廊设置转角窗，便于观察走廊中的老人的活动状况和附近楼电梯间的人员进出情况。

瑞典养老设施的后勤服务空间较为齐全，包括清洁间、洗涤间、工具间、储藏间、仓库、员工更衣室等。设计中充分考虑了设施运营管理的需求特点，例如，在员工更衣室的设计当中，男女更衣室的面积是按照员工性别比例进行分配的，充分照顾到了养老设施女性员工较多的特点；更衣室内，开敞式的搁衣架用于存放统一的工作服，而更衣柜则用于存放工作人员的私人衣物。

经过了百余年的探索与实践，瑞典在养老服务设施建设方面积累了丰富的经验，其开创的组团居住空间模式和失智老人之家的养老设施类型对很多国家的养老设施发展都产生了深远的影响。同时，瑞典养老设施对居住空间品质、居家生活感受、辅具设备应用和员工工作空间的关注，也非常值得我国学习借鉴并应用到我国养老设施的设计中。

四、瑞典养老服务的融资机制

目前瑞典在老年服务方面的支出是世界上最高的，老年照料的资金几乎全部来自税收，大部分成本由市政税支付，国家税用于支付老年照料的其余成本，用户仅需支付一小部分。老年照料融资的总体情况大致如此，每一类服务项目都拥有多种资金渠道，具体情况各不相同。老年人医疗保健和社会服务的资金主要来自地方税，这进一步说明了瑞典地方政府的独立性。

市政府通常将市政预算的20%左右用于老年服务，不过，不同地区的服务成本存在差异，原因是不同地区的老年人、地理条件（每平方公里居民数）、老年人独居所占比例等的不同。

市际均衡征税是用于“平衡”这些因素的，但是具有不确定性。此外，在条件可比的情况下，有些市可以通过低于其他市的价格提供“家庭帮助”和机构照料服务，也就是存在着“生产力”水平差异。这说明各个地方是可以更有效地使用税金的。市政府支出水平与用户满意度之间并不存在关联，因而需要更有效的指标用于评估用户满意度和生产力水平。

为了鼓励市政府更多地提供“家庭帮助”服务，多年来瑞典中央政府为此类服务提供了大量专项补贴，但同时也要求每个市政府提供相关统计数据。为使市政府行动起来，中央政府往往会制定财务激励机制去鼓励市政府，而非仅仅通过法律规定强制市政府提供相关服务。例如在 20 世纪 70 年代，中央政府希望市政府将提供机构照料的养老设施从老年之家（以及护理院）升级为所谓的服务型住宅时，便规定住在服务型住宅中的老年人也可正式享受“家庭帮助”政府补贴。这就使得市政府对传统养老机构（“家庭帮助”在传统养老机构中不适用，且居住的老人也无法获得住房补贴）的投资显得非常昂贵。

1992 年进行的上述改革使得所有机构照料在原则上不存在差别，机构正式成为老年人自己的家。入住者还可获得国家住房补贴，从而使得市政部门可以通过其他收费，也就是提高住房租金将这部分补贴收入自己囊中。2001 年，为了保护消费者，瑞典通过了一项关于监管老年服务与照料共付额的新立法。法案设定了支付的“高成本上限”，同时还通过标准化的收费系统计算出确保老年人用于个人支出的“下限”。因为在此之前，市政部门的收费差异很大，造成了居民的不满。

“家庭帮助”服务的收费标准与接受服务者的服务需要量和收入水平相关。收费标准仅与收入挂钩，计算时不必考虑资产和房产。“家庭帮助”服务设有“高成本上限”。机构照料的收费包括三种不同类型：第一，用户为其接受的服务和照料付费；第二，用户支付象征性的“租金”（租金往往由国家住房补贴覆盖），原则上按市场价支付；第三，用户付费购买食物。此外，还有统一的国家“下限”用于确保个人支出的最低金额，因为独居的成本更高。这样，养老机构中约有 40% 的入住者因其养老金达不到“下限”而根本不必交费，或只需部分交费。

如上所述，对于税收支持的服务，无论是公共的还是私营的，用户都只需要支付实际成本的一小部分。由于税收是主要资金来源，瑞典老年人公共服务共付水平低于其他国家。“家庭帮助”收费标准的设置通常是:在仅有“少量”需求时就寻求帮助,则需要支付较高成本。医疗保健服务和社会服务都可以获得补贴,因而接受服务者通常只需支付实际费用的一小部分。

在瑞典,拥有合法居留权者在需要时都可以申请获得服务和照料。若某项需求“无法通过其他途径满足”,市政府有义务进行需求评估并提供帮助。而且老年照护服务是以单一录入系统为基础的,有需求的老年人可以向居住所在地的市政部门寻求帮助。

老人的申请由市政部门的社会工作者(即照料管理者)处理。照料管理者对需求进行评估并决定其是否有资格获得帮助,如果合乎条件则还要确定申请者可获得的支持类型和服务数量。照料管理者可以决定是否提供家庭和社区服务,也可以决定是否提供机构照料服务。这些决定都有严格的法律规定约束,以确保市民都可以得到适当公正的待遇。个人可以申请获得服务,但没有自动获得服务的权利。个人总是有权利申请获得支持,但是是否真正满足支持条件以及能够获得什么样的支持则由市政部门决定。市政部门须将评估结果告知申请者,同时还要告诉申请者如果对结果不满意如何向行政法庭进行上诉。

养老服务的分配必须公平,系统守门员必须进行彻底调查,综合考虑申请者个人的具体情况、法律相关规定以及本地资源状况。当个人开始接受“家庭帮助”或进入机构照料时,应当制定个人照料计划。服务提供者必须与老年人本人及其家人商谈后制定一份照料计划,并配备足够的人员来完成这一计划。

评估往往在老年人家中进行(或在患者出院前在医院进行),主要依据是个人身体功能和认知受限的情况。与身体功能无直接关联的各种因素(如年龄、性别、收入和生活条件),只有年龄以及是否独居这两个因素在很大程度上影响个人可以获得的帮助的多少。

在瑞典，家庭照料工作人员包括注册护士、助理护士（通常要经过2年的高级培训）和家庭助理（原则上要经过2年的高级培训）。护士负责提供药物、注射、包扎以及健康监测，偶尔也提供个人照料。助理护士和家庭助理是核心人员，帮助做家务和提供个人照料。不同于其他国家的家庭帮助，他们也经常负责发药（由护士监督）。家庭照料工作人员由市政部门提供薪资。老年痴呆护理人员接受过关于照料老年痴呆患者的专门培训，培训结束后，他们可以配合医生和辅助人员（如职业治疗师、物理治疗师），协助提供医疗保健服务，以及协调家庭帮助服务。

社区内老年人获得的主要服务是"家庭帮助"，包括购物、烹饪、清扫和洗衣等日常活动方面的协助，也包括个人照料服务，如洗浴、如厕、穿衣和起床/安寝等方面的协助（工作人员的多数时间花在后者上）。家庭帮助服务如今更强调个人照料，而非家政服务。对于工作人员而言，这意味着其服务对象多数都身体虚弱、疾病缠身，且频频受孤独、抑郁和老年痴呆等的困扰。为老年人提供的一系列其他市政服务包括交通服务、足部保健、送餐服务、安全警报、住房适应性改造、辅助器械、日间照料和短期机构照料等。

不同地区判断申请者是否能够接受机构照料服务的标准差别很大，但是申请者的依赖程度和认知受损程度通常是具有决定作用的因素。由私营机构运营但获得税收支持的养老机构，则由市政部门决定安置状况。还有一些私营的养老院，入住者只要支付所有费用就可自由入住，但这样的养老院数量很少且费用很高。

第二节　美国养老服务体系建设经验

一、美国养老服务设施的发展与经验

美国目前所处的人口老龄化阶段与我国较为类似，两国面临的老龄化问题具有一定的共性。同时，美国的养老服务设施的市场化程度非常高，相关经验可供我国借鉴(周燕珉，林婧怡，2018)。

(一)美国养老服务设施的发展状况

1.美国养老服务设施的发展历程

美国的养老服务设施最早可追溯到其殖民地时期(1607—1753 年)的社会慈善机构，主要形式为教会兴办的医院和救济院，收容年老、体弱、无家可归的老人、妇女和儿童。这类机构后来大多发展成了非营利性的护理设施，为低收入老年人提供照料服务。

19 世纪末 20 世纪初，美国城市的发展建设逐渐步入正轨，一些城市当中陆续出现了社区服务中心，为老人提供部分非专业性质的养老照护服务。

20 世纪 30 年代，《社会保障法》颁布，其中明确规定了美国老人的退休年龄为 65 岁。1940 年，美国政府开始为老年人按月发放退休金，标志着养老成为美国社会保障体系的重要组成部分。但在此时，相关政策尚未明确提及养老服务设施的建设。

20 世纪 50—60 年代，美国的房地产开发进入黄金时期，政府出台了各类相关的政策法律，支持老年人住房项目的开发建设，推动了此后二三十年间美国养老社区的快速发展。与此同时，美国的老年居住建筑的类型也得以丰富起来(张天宇，2012)。

20 世纪 80—90 年代，美国的养老服务事业从以前的政府统一提供逐步走向了社会化，市场和民间力量在养老服务事业发挥了主导作用，老年居住建筑也呈现出了更加多样化的发展趋势。

21 世纪至今，美国养老服务设施更是实现了突破性的发展，设施包括医务室、图书室、计算机室、健身房、洗衣房、紧急呼叫系统等，更有针对老年人的无障碍设计、空间导向设计的设施，以及与老年人身心健康相关的社区设施等。

2.美国养老服务设施的类型

发展至今，美国的养老服务设施大致可划分为以下九种主要类型，服务人群涵盖了从需要护理到保持健康的各类老年人群：

(1)老年门诊。提供专业医学诊疗，面向人群是老年患者。

(2)成人日间看护中心。组织日间活动，提供照料服务和医疗支持，面向人群是住在自己家中、白天需要看护服务的老人。

(3)特殊护理机构。负责慢病康复、病后术后恢复、失智照护等，面向人群是需要专业康复和护理服务的老人。

(4)长期护理机构。提供基础的医疗服务和 24 小时的护理服务，面向人群是身体非常虚弱的老人。

(5)辅助式居住生活机构。为日常生活活动提供支持(如洗浴、就餐等)，面向人群是日常生活需要一定协助的老人。

(6)失智照护机构。为失智症患者提供专门的照护服务，面向人群是认知能力损伤的老人。

(7)独立式住宅。提供家政、餐饮、活动组织等服务，面向人群是生活基本能够自理的老人。

(8)连续护理型退休社区。提供从独立式居住、辅助式居住到长期照护、失智照护等多种居住服务,面向人群是退休后的老人。

(9)活力长者社区。提供健身娱乐、继续教育、卫生保健、休闲服务,面向人群是身体健康、相对年轻的活力老人。

(二)美国养老服务设施的建设经验

1.针对不同健康状况的老人设置不同类型的养老设施

美国针对不同健康状况的老人设置了多种类型的养老设施,以满足他们在医疗护理、生活照料等方面的差异化需求。

不同类型的养老设施在功能配置和空间营造等方面存在较大的不同。以老人居室为例,独立居住型老人居室与公寓住宅户型较为类似,最为常见的是一室一厅或两室一厅,面积相对较大,各类功能空间较为齐全,且满足无障碍和适老化的设计要求。辅助生活型老人居室则多采用较为紧凑的一室一厅,在设计上基本维持了一般的居家布局形式,相比于独立居住型老人居室,主要对餐厨空间进行了简化,并在卫生间安装了必要的安全设施。特殊护理型和长期照护型老人居室较为类似,主要采用单人间或双人间,重视保证老人的私密性,大多数居室内不设置餐起空间,部分居室设有简易厨房,卧室和卫生间的设计为老人的通行和护理人员的辅助操作留出了较为充足的空间。失智照护型老人居室多采用单人间,较为重视视线设计,通常要求保证老人在卧床时能够看到卫生间的位置和窗外的景色,护理人员在居室门口能够看到老人的情况。

此外,各类养老设施在居住空间平面布局方面也有所不同,居住护理需求较低的老人的独立居住型和辅助生活型养老设施更多采用廊式的平面布局,标准层基本不设置公共活动空间和辅助服务空间;而居住护理需求相对较高的老人的长期照护、特殊护理和失智照护型养老设施主要采用组团式的平面布局，标准层的组团内和组团间设有不同层级的公共活动空间和辅助服务空间。

针对不同健康状况的老人设置不同类型的养老设施，更有助于通过与老人需求相适应的建筑形式，提高老人的居住生活品质和设施的运营管理效率。

2.建设具有持续照料功能的养老设施

持续照料退休社区(continuing care retirement community，CCRC)是起源于美国的一种综合型养老设施，它的形式既可以是城市中的一幢或几幢高层建筑，也可以是郊区较低密度的建筑群。

CCRC 中设有适合于不同年龄、不同身体状况老人的居住单元，涵盖独立式居住、辅助式居住、长期照护、失智照护等多种居住模式，各州政府对 CCRC 中各类居住单元的配比做出了相应的规定，其中一些州规定每设置 5 个独立居住单元就需要配置 1 个长期照护床位，辅助式居住单元的数量一般为独立式居住单元数量的 10%～20%。此外，CCRC 当中还提供相应的配套服务设施和生活护理服务，能够对老人退休之后的居住生活提供持续的支持。

3.采用商业模式整合特色产业、运营老年地产

美国老年社区的发展较为成熟，主要采用商业化的运营模式进行开发建设。

将老年地产与休闲、娱乐、健康、教育等特色产业进行整合，能够更有针对性地提升地产的价值和吸引力，发挥不同产业之间的相互促进作用。

例如 Del Webb 公司开发建设的太阳城(Sun City)老年社区，就充分结合了康体健身中心、高尔夫球场、交响音乐厅等文化、休闲、娱乐设施，吸引了大量健康老人入住。布鲁克斯村(Brooksby Village)老年社区主要面向中等收入的老人，村内设有 100 多个由社区居民自行运营

的俱乐部和休闲活动项目，老人们可根据自己的意愿选择想要参与的活动类型，实现老有所乐。

将老年社区搬进大学校园也是美国养老地产开发的特色模式之一。以拉萨尔村(Lasell Village)老年社区为例，开发企业通过与拉萨尔大学建立合作关系，利用大学的闲置地产建成了名为“大学老年村”的退休社区，大学的教学设施面向入住老人开放，并为他们提供终身学习项目，因此吸引了大量的高知文化老人，使他们老有所为，老有所学。

二、美国养老居住模式

美国的养老居住模式主要包括居家养老、机构养老和社区养老三种类型。

(一)美国居家养老模式

居家养老是美国最主要的养老居住模式，由地方政府、社区非营利组织和专业供应商共同提供居家养老服务。为满足老人居家养老的愿望，美国地方政府出台了一系列带有福利性质的支持政策，具体包括支付护工费用、减免医疗器械购置税费等。此外，政府还在社区当中设有家庭保健中心、老人活动中心的服务设施，提供医疗护理、生活照料、文体娱乐等多样化的服务项目，为居家养老创造了较好的条件。

一些社区非营利组织也在居家养老服务当中发挥了重要的作用，通过志愿服务等方式为老年人家庭提供生活支援和服务，并鼓励退休的年轻老人参与到社区志愿服务当中，保持与社会的联系。

此外，美国还探索出了一条社会化的居家养老服务路径，形成了一批较为成熟的居家养老服务供应商，依托专业护理服务网络，提供陪伴、家务、个人护理、健康引导等居家养老服务。

（二）美国机构养老模式

根据入住老人的身体状况和养老机构的服务类型，美国的养老机构可被划分为独立居住型、辅助生活型、长期照护型、特殊护理型和失智照护型。

（1）独立居住型机构：主要面向年龄为70～80岁、生活能够自理的健康老人，仅提供基础的生活服务和较少的专业护理服务。

（2）辅助生活型机构：主要面向80岁以上、没有重大疾病，但需要生活照护的老人，提供基础的生活照料和用药管理等服务。

（3）长期照护型机构：主要面向患有慢性疾病、身体较为虚弱、需要长期护理的失能老人，提供24小时的生活照料和基础的医疗护理服务。

（4）特殊护理型机构：主要面向病后和术后恢复期的老人，通常作为老人从出院到居家生活、从急性期康复到维持期康复之间的过渡设施，提供专业的医疗护理和康复治疗服务，老人的平均入住时间通常在3～6个月。

（5）失智照护型机构：主要面向患有失智症的老人，基于他们的身心特征提供具有针对性的生活照护服务。

以上5种养老机构既可以作为独立的养老机构，又可以作为综合型养老设施当中的一个居住单元，形式较为灵活。

（三）美国社区养老模式

与其他国家有所不同，美国的社区养老更多指的是入住养老社区的养老方式，与居家养老和机构养老不同。目前最主要的养老社区类型包括活力老人社区和持续照料退休社区，多以商业地产的形式出现。其中，活力老人社区主要面向55～74岁的健康老人，通常选址于气候温和、远离城市、亲近自然的地方，其中的老年住宅进行了适度的适老化设计，并配套有社区活动中心和室外休闲娱乐设施，居住在其中的老人主要通过居家生活的自主方式养老。

持续照料退休社区主要面向55岁以上的老人，通常设置在距离城市中心50～100公里、1小时车程可达的城市周边地区，其中的居住产品涵盖了从独立居住单元、辅助生活单元到特殊护理单元的各种类型，并配套了完善的生活服务设施，可提供从健康到护理全过程所需要的设施和服务。因此，当入住老人的身体健康状况和自理能力发生变化时，可以继续居住在熟悉的社区环境当中，并获得与其身体健康状况相对应的生活照料服务。

三、美国养老服务设施的空间特征

（一）采用街区-组团的公共空间层级

美国的养老设施当中多采用“街区-组团”的公共空间层级划分方式。其中，街区性质的公共空间通常位于建筑首层或各个组团之间的连接部分，主要包括公共餐厅、咖啡厅、健身房、泳池、商店等。组团性质的公共空间则位于组团内部，老人居室环绕在其周围，主要包括供组团内老人使用的餐厅、厨房及其他起居和活动空间。护理人员的岗位分散至设施各处，以工作站的形式整合到组团和街区的公共活动空间当中，便于就近为老人提供照护服务，最大限度地缩短工作流线，提高工作效率。

街区公共空间和组团公共空间既可以在垂直方向上通过首层和标准层进行自然划分，也可以在水平方向上按照空间组织方式进行划分，形成不同的空间层级。

（二）提供多样化的就餐与洗浴方式

在美国的养老设施中通常鼓励具有一定行动能力的老人到公共的就餐区域就餐。在早期的养老设施当中，通常仅设置一处能够容纳较多老人的公共餐厅，无论是饮食的品种还是就餐的环境都较为单一。为了提供更加多样化、亲切化的就餐体验，后期设计建造的养老设施引入了新的就餐模式，将原来的单个大规模集中式公共餐厅分解为多个小规模分散式的就餐空间，更具居家氛围，每个就餐空间在装修风格和菜品类型上都具有较为鲜明的特色，为老人提供了多样化的就餐选择。此外，一些养老设施当中还为家属来访、生日聚会等特殊的就餐活动提供私人餐室，使就餐空间的品质得到了进一步的提升。

美国的养老设施还为老人提供了多样化的洗浴方式。一方面，在老人居室卫生间的内部设有独立的淋浴空间，面积相对较大，以满足老人洗浴时辅助设备的进出和护理人员辅助操作的空间需求，因此无论是能够自理的老人还是失能老人都能够在自己的居室内完成洗浴。另一方面，一些设施还在组团和街区两个不同层级的公共空间当中分别引入了水疗室和游泳池，给老人洗浴带来了更加丰富的选择。

（三）营造具有私密性的高品质居住空间

美国养老设施十分重视居住空间的品质，这一点最为突出地体现在对老人居室私密性的关注上。

在美国的老人群体中，只有很少一部分人倾向于与他人同室居住；与面积较大的双人间相比，多数人更希望居住在相对较小的单人房间内。对于大部分美国老年人来说，与陌生人共处一室是仅次于护理质量的第二大关心的问题。因此，在新建的养老设施当中，居室类型主要为单人间。即便是两人合住的房间，也非常注重提高每位老人的居住私密性。例如，在一些新型的双人居室中，就为每位老人创造了较为独立的半私密空间，L形的平面布局形式虽然在一定程度上增加了房间的面积，但却在有限的空间内为居住者创造了更多的私密空间，因而得到了老人、家属和养老设施工作人员的广泛认可。

可以看出，经历了长期的发展，美国已经针对不同类型老人的养老居住需求形成了较为系统的养老设施类型体系。现阶段，我国的人口老龄化特征与美国较为接近，老年人口尚呈现低龄化的特征，美国采用商业化运作模式建设活力老人社区和持续照料退休社区等的经验值得我们学习借鉴。此外，美国养老设施对公共空间多样性和居住空间私密性的关注，对我国养老设施的空间设计也具有较为重要的参考价值。

第三节 日本养老服务体系建设经验

日本作为与我国社会文化背景较为类似的亚洲国家，比我国提前30年进入老龄化社会，学习借鉴其在养老服务设施建设方面的先进经验，有助于我国少走弯路，更好地应对人口老龄化高峰的到来（周燕珉，林婧怡，2018）。

一、日本养老服务设施的发展及建设经验

（一）日本养老服务设施的发展与类型

1.日本养老服务设施的发展

（1）创建阶段（20世纪50年代）。20世纪50年代是日本战后恢复的转型期。1951年颁布的《社会福利事业法》标志着日本形成了真正意义上的现代社会福利制度，并开启了社会福利事业的发展历程。在

此期间，日本创建了包括养老设施在内的一系列福利设施，为需要生活援助的老年人等弱势群体提供社会福利服务。但由于这一阶段日本的社会福利制度还存在较大的局限性，因此，福利设施还带有较强的社会救济性质。

（2）起步阶段（20 世纪 60 年代）。20 世纪 60 年代，随着家庭规模的缩小和高龄老人数量的增加，仅仅依靠社会救济性质的养老设施已无法满足老年人的照护需求。1963 年，日本政府颁布了《老年人福利法》，并扩充了养老设施的类型，建成了一批能够提供照护服务的养护老人之家和特别养护老人之家，并面向经济困难的老年人建设了低收费老人院，以及其他一些老年服务设施。同时，日本政府还针对老年人和残疾人家庭，制定了相应的公营住宅对策。

（3）大量建设阶段（20 世纪 70 年代）。1970 年，日本 65 岁以上的老年人比例达到了 7％，正式进入老龄化社会。在此阶段，日本以北欧福利型国家作为主要学习对象，希望将本国快速发展成为亚洲的福利型国家，制定了“社会福利设施紧急建设 5 年计划”，并建造了大量的养老机构。

此外，在社区居家养老方面，日本还建造了一批以日常生活照料为主的养老设施，包括老年人福利中心、短期入住设施以及日间照料中心。

（4）发展修正阶段（20 世纪 80—90 年代）。1982 年，日本政府制定了《老年人保健法》，在该法律的推动下，市场上出现了一种新的养老设施类型——老年人保健设施。这一设施介于住宅和医院之间，主要针对病情稳定不需住院但有必要接受护理和康复训练的老人，是一种供老年人暂时性入住的“中间设施”。

20 世纪 80 年代末，日本政府推出了“高龄者保健福利推进 10 年战略政策”(又称“黄金计划”),鼓励民间力量参与特别养护老人院等养老机构的建设。

1990 年,日本开始对包括《老年人保健法》在内的“福利八法”进行修正,进一步完善了老年人福利设施体系,并建造了一系列养老居住型和医疗保健型的养老设施,促进了社会福利设施与医疗保健设施的有机融合,以及社区老年福利设施的广泛发展。

1999 年,日本制定了“21 世纪黄金计划”,该计划将重点落在了为认知症老人提供支援服务上,进一步深化了疾病控制和社区生活支援的发展。

(5)发展完善阶段(21 世纪)。2000 年,日本实施了介护保险制度,在这一制度下,医疗保健、康复护理、生活照料等各类服务被严格量化,老人可直接与服务提供方签订合同,根据自身的健康状况和经济条件自主选择相应的服务。为满足市场需求,一些介护疗养型的医疗设施由此发展起来。2004 年,为了推进养老金制度改革,日本政府增建了老年人保健设施,并提供了多项医疗护理服务,意在促进社会福利制度的深化与完善。

2.日本养老服务设施的类型

根据《老年人福利法》和《介护保险法》等政策法规,日本养老设施的建筑类型大致可划分为以下 9 类[①]:

(1)介护老人福利设施(特别养护老人之家),为老人提供必要生活照护服务的公立养老设施。

(2)介护老人保健设施,介于医院和家庭之间的康复护理疗养

---

① 赵晓征.日本养老政策法规及老年居住建筑分类[J].世界建筑导报,2015,30(3):27-29.

设施。

(3)介护疗养型医疗设施,面向长期疗养患者、以治疗为主的医疗设施。

(4)护理院,面向无法独立生活、家庭照料存在困难的老人。

(5)养护老人之家,面向居家生活存在困难的老人,提供日常生活必需的服务。

(6)组团居住老人之家,与日间照料中心合设的小规模多功能设施。

(7)自费老人之家,面向富裕阶层的全自费养老设施,可被划分为健康型、住宅型和护理型三种类型。

(8)认知症老人之家,以认知症老人为照护对象的小规模生活场所。

(9)高龄者住宅,面向老年人的租赁型住宅。

以上9种主要的养老设施类型,覆盖了从居家到设施、从日常生活照护到专业医疗护理、从健康老人到护理老人、从低端到高端的各个方面。在这一体系的支持下,每位老人的晚年生活都能够得到很好的保证。

(二)日本养老服务设施的建设经验

1.设施规模小型化

在日本养老服务设施的发展初期,尚未形成清晰的养老服务体系,政府部门曾一度认为所有需要帮助的老人都会集中在养老设施当中长期居住,所以发展了一批床位数量在300～500床的大型、超大型养老设施。但当这些设施投入使用后,效果很不理想,入住率较低,造成了大量的资源浪费。实际上,大多数老人更倾向于在自己的家中养老,在社区居家养老服务能够满足生活照护需求时,他们往往不愿意离开家庭。

在吸取相关的经验教训之后，日本的养老设施走向了小型化的发展道路，这一点最为直观地体现在法规对养老设施最低床位数量的规定上。一些主要的养老设施类型，如特别养护老人之家、护理院等只需设 20 张床位即可开办，要求更高一些的养护老人之家和介护老人保健设施也只需设置 50 张以上的床位，并且当不同类型的养老设施合设的时候，还可适当降低开办的床位数量。因此，目前日本常见的小规模养老服务设施的床位数量多为 20 床，大中型养老服务设施的床位数量多为 50～100 床，而床位数在 200～300 床甚至更高的养老设施已经罕见了。实践经验表明，小规模的养老服务设施无论是在服务管理的便利性上还是在运营维护的经济性上都是较佳的。

2.设施功能多样化

功能多样化是日本养老设施的重要特征之一，这一特征最为突出地体现在小规模多功能设施和地域综合型养老服务设施上。

小规模多功能设施是近年来日本政府积极推动建设的一类社区养老服务设施，为居住在周边社区当中的老人提供 24 小时的个性化护理服务，设施规模通常在 150～300m^2，设施利用者的人数不超过 25 人，服务内容主要涵盖日间照料、短期居住、上门服务等多个方面。

地域综合型养老服务设施是日本地域型养老护理系统的服务据点，通过充分整合利用医疗、介护、非营利组织等丰富的地域资源，提供多元化的养老服务，从而为老人创造一个能够安心居住的生活环境。

3.设施品牌连锁化

日本养老设施发展至今，已经形成了一些较为成熟的连锁品牌，部分品牌的连锁设施数量已经达到了上百家。这些品牌具有鲜明的客群定位和经营理念，针对老年人的不同需求细分居住产品，并在旗下的各个设施当中采用了标准化的设计，以确保质量、降低成本。

以日本的倍乐生公司为例，它旗下的连锁设施定位于机构养老，面向中高端老年客群提供24小时的高质量照护服务，这些设施主要分布在经济发达、老年人口众多的大城市当中，选址于邻近地铁站、交通便利的成熟社区。设施规模（床位数）通常控制在50～70床，着眼于周边的社区，希望居住的老人来自设施周边半径3km范围内的社区当中，便于老人家属前来探望。为满足不同类型老人从保持健康到护理、从平价到高端的居住需求，倍乐生公司推出了多种不同类型的居住产品，不同类型的产品之间力求体现差异性，而同一类型的产品则采用标准化设计。

4.老人居室个室化与组团化

日本养老设施的老人居室类型配置及布局形式在多年的发展和实践当中也在逐步演变。

起初，日本的养老院还带有一定的社会救济性质，养老院中老人居住空间的品质并未受到关注。20世纪60年代随着《老年人福利法》的颁布，日本养老设施不再仅仅只是“收容的场所”，养老设施的类型得到了丰富。在老人居室的配置上，以特别养护老人之家为例，早期多为六人间，后来改为四人间，居住条件有所改善。但随着社会经济和老年人居住需求的发展变化，多人间带来的问题也渐渐显现了出来。虽然将四位老人集中在一间居室当中居住有利于提高照护服务的效率，但每位老人的隐私无法得到很好的保护，老人之间难免存在相互打扰的情况，居住生活品质相对较低。

20世纪90年代，为了更好地满足老年人的居住使用需求，日本的特别养护老人之家呈现出了“全个室化”的发展趋势，越来越多的新建养老设施开始将老人居室全部设置为附设独立卫生间的“个室”，老人的居住生活品质相较之前得到了大幅的提升。但与此同时，居室个室化也暴露出了一些问题。例如，受“全个室化”的影响，居住空间的走廊有所延长，导致公共餐厅与部分老人居室之间的距离较远，可达性较差，不便于老人使用。此外，护理人员的服务动线也发生了较为显著的变化，由四人间的房间巡回、统一护理发展为“个室”的逐房巡查、个人护理，工作强度有所提高。

以上问题在1994年之后设计建造的养老设施当中逐步得到了解决，设计建造者采用了“分层级配置空间”的方法，将公共空间和服务设施设置在了不同的空间层级当中。在每个居住单元内部设有独立的公共活动区域，供老人进行日间活动和康复训练。为防止建筑进深过大影响自然通风采光，居住单元内部通常还设有中庭。而在各居住单元之间的连接处集中配置了餐厅、厨房、公共浴室等公共服务设施。相较此前的长廊式布局，这类养老设施在空间组织模式上已经有了很大的突破和进步，但在实际使用过程中发现，当老人的行动能力衰退、需要使用轮椅或助行器械时，用餐前后往返于公共餐厅和居住单元大厅之间需要花费较长的时间。此外，让老人在居住单元之外的空间用餐，会使设施的生活感略有丧失。

基于全国各地出现的新问题，日本的特别养护老人院在2000年前后开始了新一轮的调整，“个室组团化”的养老设施陆续出现。在这类养老设施当中，以组团划分老人的生活单元，每个组团内通常设有6～10个单人居室和1个多功能的公共活动空间，老人日常的用餐、起居、锻炼等活动需求都能在组团的公共活动空间内得到满足。

每个组团内配备有相应的护理人员，但为了不破坏居家生活氛围，一般不设置专门的护理站或办公室，除了进行一些简单的记录和家务劳动之外，更多的时候护理人员会与老人们在一起，提供一些必要的护理服务，同老人聊家常或是组织集体活动等。经历了十余年的发展，“个室组团化”的平面布局形式也得到了完善，如将原先设置在组团外的大型公共浴室分散设置到了每个组团内部、丰富了组团公共空间的功能配置等。在日本当今的养老设施当中，这种平面布局形式已经得到了较为广泛的应用和较为普遍的认可。

日本老人居室在个室化、组团化发展的同时，其面积标准也在逐渐扩大。以特别养护老人之家为例，从 20 世纪 90 年代至今，居室的面积标准经历了多次修改。

二、日本介护保险制度

20 世纪末，受到全国人口老龄化、老年人口高龄化，介护时间长期化、家庭规模小型化等方面的影响，日本老年人的照护问题愈发突出，既有的养老福利体系已难以满足与日俱增的养老照护需求。因此，日本制定了介护保险制度，并于 2000 年起正式施行，通过这一全社会的支持体系，满足老年人的生活照料和护理需求，保证他们的生活质量。下面主要从资金筹措、保障对象、等级划分、支付额度、服务项目、支付模式等方面对日本介护保险制度的发展状况进行分析。

（一）资金筹措和保障对象

日本介护保险的资金主要来自保险金和税金，两者各负担 50%。其中，保险金由参保个人缴纳，根据参保人年龄的不同，可将其划分为第 1 类参保人（65 岁以上的老年人）和第 2 类参保人（40～64 岁的参保人），两类参保人的保险金按照人口比例分别计算和缴纳。税金则由中央和地方政府筹措，中央政府、都道府县政府和市町村政府三级政府的承担比例为 2∶1∶1。

介护保险的保障对象为第1类参保人(65岁以上的老年人)和患有早期痴呆、脑血管疾患、肌肉萎缩性侧索硬化症等15种疾病的第2类参保人(40～64岁参保人)。其中,通过介护等级认定的人群可以使用介护保险来支付相应的护理服务费用。

(二)等级划分

根据老人身体状况的不同,介护保险共可被划分为7个等级,对应不同的支付限额。参保人的护理等级由专门的认定调查员和介护认定审查会以全国统一的标准为基础进行客观判定。7个等级及对应的老人的身体状态如下:

(1)要支援1:基本能够独立如厕、进食,部分日常生活不能自理,需要他人提供一定的帮助,可以维持或改善现有健康状态。

(2)要支援2:能够独立如厕、进食,但在洗浴等方面需要他人的帮助,可能成为需要护理的对象。

(3)要介护1:部分日常生活不能自理,需要一定的帮助,在排泄、洗浴、穿脱衣服等方面需要一定的护理。

(4)要介护2:在排泄、洗澡等方面需要部分或全面的护理,在穿脱衣服等方面需要他人的帮助。

(5)要介护3:重度需要护理的状态,或伴有老年痴呆症的情况,在排泄、洗澡、穿脱衣服等方面均需要全面的帮助。

(6)要介护4:重度需要护理的状态,或伴有老年痴呆症程度加深的情况,进食、排泄、洗澡、穿脱衣服等方面均需要全面的帮助。

(7)要介护5:卧床不起,日常生活所有方面都需要照护。

(三)服务项目和支付模式

介护保险的服务项目涵盖了从预防到介护、从居家养老到机构养老的各个方面,具体包括访问服务、日间服务、短期入住、机构护理、辅具租赁、设施(住宅)改建等。介护保险可用于支付相应的服务费用,但不包括在设施的住宿费、伙食费、日常生活费等支付额度内的费用由个人支付10%,公费和保险金支付剩余的90%。

随着老年人口(尤其是高龄老人)比例的不断升高,日本介护保险的参保人数和支付额度都将在未来较长的一段时间里持续上升。

三、日本介护人员的从业资格及培养

(一)介护服务资格的开端

日本介护服务最初是由地方自治体独立开展的项目,此后上升为国家制度。最初有资格享受介护服务的群体范围限定在由于老衰、身心障碍等问题造成日常起居生活困难的低收入老年群体。20世纪80年代,在老龄化不断发展的过程中,日本政府开始正式采取行政措施,1982年对制度进行了修订。此次修订中取消了收入限制,对象范围不断扩大,同时有偿化派遣家庭服务员的对象也扩大到"有老年人的家庭",并规定对家庭服务员必须开展70个小时的岗前培训。

针对在医疗机构和老人福祉设施开展介护服务的职员,只在设施标准中对从事介护业务的职员人数标准进行了规定。

之前各种设施的介护职员不论是否持有从业资格都可以从事介护业务。但是,介护从业资格制度设立之后,在雇佣、工资、给经营者的介护报酬等方面都将从业资格人数比例作为判断标准,促使介护人员地位的提升。

2017年,日本政府对介护从业资格获取办法进行了修订,实务者进修的义务化和从业资格取得之后的高层级资格的导入等相关问题正在研究中。目前在日本的介护领域的从业资格及具备相应从业资格的要求的变更如下：

(1)介护福祉师。原先的要求为实务经验 3 年以上，并需国家考试，计划变更为实务经验 3 年、实务者进修 450 小时、通过国家考试；此外，在培训设施接受培训 2 年以上(1850 小时)这一要求，计划变更为从培训设施毕业、通过国家考试。

(2)介护职员。要求基础研修(500 小时)。

(3)上门介护员 1 级和上门介护员 2 级。原先的要求分别为研修 230 小时、研修 130 小时，今后将统一为介护职员初任者(研修 130 小时)。

到 2025 年，日本预计需要 237 万～249 万名介护人员，因此目前每年需要确保增加 6.8 万～7.7 万介护人员。为此，需要采取措施确保、增加并稳定大学毕业生人数，并通过共同职介所和福祉人才中心等吸纳新入职人员。国家将采取一些方针政策：提高介护行业的地位，确立职业发展路径，完善、改善职场环境，以及介护机器人的研发促进等。

(二)介护福祉师资格

介护福祉师是指具备专业知识和专业技能，对由于身体或精神上的障碍不能正常生活起居的人群，依据其身心状况开展介护服务，并对其及其介护者提供介护指导的专职人员。主要工作场所有医院、老人保健设施、特别养护老人院、日间照料中心以及障碍福祉服务事业所等社会福祉设施。该资格是各介护服务机构界定介护服务的主要手段。为了对被介护人员进行个性化支援，介护人员除了需拥有专业的知识和技术，其判断力和团队合作意识等综合能力也非常重要，介护福祉师则被寄予了提供更高质量介护服务的期待。另外，各产业统计数据显示，介护人员的工资仍然处于较低水平，同时由于工作辛苦等因素，导致养老设施中的正规雇佣者和上门服务中的非正规雇佣者的离职水平处于较高状态。日本为了促进正规雇佣介护职员的稳定化，从2009年开始将“介护职员待遇改善交付金”纳入预算内并开始实施。

在取得资格方面，目前国家资格考试是最主要的取得方式，但介护人才的培养和维护情况依然严峻，因此有必要考虑中长期的应对方法。

（三）介护职员基础研修的资格

随着老龄化的不断发展，提高介护服务的质量及设施类和上门访问类设施的介护职员的专业性越来越重要。为此，2006年，日本政府设立了“介护职员基础研修”培训，都道府县政府以及都道府县政府指定的经营者作为培训机构，资格取得需在学习讲义、模拟360小时加上设施实操140小时（合计500小时的研修）的基础上才能完成。取证费用原则上由听课者本人负担，对在面向失业者开设的都道府县技术训练学校（职业能力开发学校）进行学习的，给予部分补助。同时，对于拥有上门介护员资格的，可以免除实务经验和学习科目等项目。

但是，一方面500小时的培训时间太长，另一方面对于2级上门介护员的需求依然较大，介护职员基础研修的参加者面临更多困难。为此，日本政府于2012年末废止了该资格，将其与修订版的《社会福祉师及社会福祉师法》修订版中导入的“实务者研修”的培训体系一体化，并从2013年开始将“上门介护员培训研修”和“介护职员基础研修”统合为“介护职员初任者研修”这一新的介护职员资格体系。

四、日本养老服务设施的空间特征

（一）居住空间采用组团化布局形式

日本护理型养老设施的居住空间多采用组团化的布局形式。通常，组团中心设有供组团内老人进行起居活动的公共空间，主要包括餐厅、起居室和开敞式厨房。组团内的老人居室全部为单人间，围绕公共空间进行布置。此外，组团内部还设有公共浴室、储藏间等辅助服务用房。

每个组团可作为一个独立的管理分区，相邻组团之间相互连通，便于根据不同时段护理工作量的差异灵活调配人员、调整管理分区。每天早上老人起床、用早餐时的护理工作量是最大的，因此以每个组团为单位划分管理分区，为老人提供服务；午间的护理工作量相比于早晨有所减少，因此将相邻的两个组团作为一个整体来划分管理分区；夜间，老人们就寝之后，员工的工作主要以值班和巡视为主，工作量较小，因此将整层作为一个管理分区进行管理。

此外，基于居住组团的划分，养老设施当中的公共空间采用多层级的结构，包括整个设施共用的公共空间、相邻居住组团共用的公共空间以及单个居住组团内部的公共空间，各层级公共空间的类型也有所不同。

（二）设施入口处设置集中的开敞式办公空间

在日本的养老设施当中，工作人员的办公空间大多以开敞的形式集中设置在建筑入口处。所有的工作人员集中在一起进行办公，便于相互沟通协作，提高工作效率，办公空间面向入口门厅敞开，并对外设置接待台，这样不但方便工作人员及时为出入的老人和家属提供服务，而且有助于将整个员工团队的融洽的工作氛围充分展现出来，给人们留下良好的印象。

（三）护理老人居室内不设置洗浴空间

一般情况下，日本养老设施当中的护理老人居室内部都不设置洗浴空间，老人的洗浴活动主要在护理组团的公共浴室当中进行。洗浴方式主要包括在护理员的协助下洗浴和使用机械设备洗浴两种，但无论选择哪种方式，老人都需要使用轮椅、浴床等辅具设备，并且需要在多名护理人员的协助下才能够完成洗浴。相比于面积狭小的老人居室里的卫生间，空间较为宽敞、设备较为齐全的组团内的公共浴室更适合老人洗浴，因此在面积有限的情况下，护理老人居室内可不必设置独立的洗浴空间和设备。

（四）重视人性化设计

日本养老设施非常重视人性化，这具体体现在一些细节的设计当中。例如，在某养老设施的公共起居厅内，布置了木质餐椅、单人沙发椅、多人沙发、吧凳等各类座位，基本能够照顾到老人对座位软硬、高低的不同需求，座位摆放的位置和组合的方式也为老人提供了临窗晒太阳、围坐交流、独坐观景等多种使用可能性。座椅选择与布置的多样化，体现出了对老人个人意愿的尊重，使老人能够根据各自的需求和喜好自由选择相应的座位就座。

日本养老设施的人性化设计不但体现在对入住老人使用需求的细致关注，而且还体现在照顾员工工作的便利性上。例如，日本养老设施当中的护理员以女性居多，她们在从事一些较重的体力劳动时往往较为吃力。为了降低工作强度，一些养老设施当中的圆形餐桌被划分为了两个半圆形的部分，桌子面板背面设有条状凹槽，便于施力，从而使得女性护理员也能够较为方便地搬运桌子。除此之外，桌椅的设计还为打扫卫生提供了便利，护理员只需将椅子稍稍提起，将扶手的空隙插入桌面，即可腾出地面空间，免去了扫地时来回挪动椅子的麻烦。

（五）关注情感化设计

在满足使用功能的基础上，日本养老设施的空间设计还照顾到了老人在情感方面的需求。

例如，在某养老设施当中，为入口处的接待台赋予了小卖部的功能，琳琅满目的商品经常能够吸引老人驻足观看或挑选商品，为护理员与老人之间的交流提供了很好的机会。在交流之中，护理员不仅能够了解每位老人喜爱的商品，还能借机关心他们的身体和心理状况，给予必要的帮助；而老人的交流愿望能在这里得到充分的满足，他人的关心和尊重会给老人带来一整天的快乐。

又如，在某养老设施足浴室的设计当中，设计师精心挑选了一个耐看的雕塑，并将其设置在了圆形足浴池的中央。这个雕塑一方面起到了遮挡视线的作用，避免坐在足浴池两端的陌生老人出现相互对视的尴尬情况，另一方面也可作为引发话题的对象，促进老人之间的交流。

可以看出，经过长期的探索与实践，日本逐渐形成了较为完善的介护保险制度和较为系统的养老设施类型体系。日本养老设施在规模小型化、功能多样化、品牌连锁化、居室单人化等方面的建设经验及其对人性化、情感化设计的关注值得我们学习借鉴，能够为我国的养老服务设施的发展建设提供一定的参考。

第四节 德国养老服务体系建设经验

德国是欧洲人口老龄化程度最高的国家，在世界范围内老龄化程度排名第二，仅次于日本。德国应对人口老龄化的一系列制度措施也值得我国借鉴和学习(周燕珉，林婧，2018)。

一、德国养老服务设施的发展与特征

德国老年人群体中的大部分人采用居家养老的方式，此外还有极

少的老年人居住在适老化的公寓或者住宅中,部分老年人采用机构养老的方式。随着老龄化的加深和老年人需求的变化,德国养老服务设施的建设理念也在不断发展。

(一)德国养老服务设施的发展

总的来看,德国的养老服务设施经历了五个发展阶段:

(1)1940—1960 年:救济式养老。1940 年开始建设的养老院为德国养老服务设施发展的起点。在当时,养老院以收留救济为主要目的,着重解决一些无家可归、生活困难的老年人的温饱问题,因此养老设施只是提供较为基本的居住功能。建筑平面通常为鱼骨式布局,以走廊连接两侧,两侧为居住空间,且很少布置公共活动区域。

(2)1960—1980 年:医院式养老。从 1960 年至 1980 年,养老设施开始向医院方向发展,养老院的工作重心为医疗和护理,养老院内配备专业的护理人员,护理人员们也一般直接称呼老年人为患者。建筑的平面布局与“救济式养老”时期建筑的布局方式相似,但在走廊中部加入护理站,使护理人员工作路线最小化,以为各个房间内的老年人提供照护服务。

(3)1980—1998 年:宿舍式养老。1980 年后,德国开始提倡以居住为主的养老理念,养老设施内除了居住空间外,又新增入一些公共的活动区域,采用个人空间与公共空间相结合的模式,提倡老年人进行交流活动和其他文娱休闲活动。此时的建筑平面布局也逐渐摆脱了原先鱼骨式的单调形式,大的活动空间与小的居住空间相互结合,走廊进行扩宽,使其不仅是建筑内的交通空间,同时也成为开放的活动场所,建筑的平面布局形式日趋活泼。

(4)1995 年后:家庭式养老。大约在 1995 年后,设计和运营理念发生转变,养老服务设施被认为应该像家一样,让老年人感觉到安全、自在、亲切。因此，第四代养老服务设施开始出现。这一阶段的养老服务设施在建筑的平面布局上，多采用居家组团化的居住模式，将建筑划分为多个组团，在每个组团内布置一定数量的老年人居室，居室围绕着一个公共的活动空间，例如餐厅、起居室等，增加老年人之间的相互交流，形成邻里感。组团与组团之间通常通过走廊或大型活动空间相连接。

(5)近些年：社区式养老。近年来，德国开始提倡老年人的居住环境应该与社区相结合，提倡养老设施融入社区，向社区开放：在很多新建养老服务设施的底层植入了可对外经营的餐厅、教堂、办公空间等，不仅服务设施内的老年人，同时服务社区居民，增强老年人与外界的接触，使其保持密切的社会联系。

(二)德国养老服务设施的特征

由于德国老年人口众多，养老需求大，因此德国的养老服务设施不仅数量多，而且覆盖面广。从分布情况看，北威州、巴伐利亚州、下萨克森州、巴符州这四个州拥有最多的养老设施；而从城市来看，大城市拥有的养老院数量比小城市多，其中柏林的养老院数量最多。

德国养老服务设施有以下方面的特征：

1.选址多为城市中心

近年来，德国的新建养老设施多采用中心化的布局方式，将养老设施都设置在市中心，以便有效地利用城市的资源，例如医院、高校等。这样的选址方式有两方面的考量：一方面，老年人在出现健康状况问题时，可以尽快地送医治疗；另一方面，也可以方便志愿者和家属来此服务或看望、陪伴和照顾老年人，同时，让老年人生活在城市中，可以让其感受城市的变化，避免与社会脱节。例如，有的养老设施项目位于城区的中心地带，同时周边还有当地著名的教堂、城区火车站、大型超市、医生中心、邮局、购物中心等，使老年人充分享受城市生活。

2.面向社区开放，实现双方资源的共享

近年来“社区式养老”的建设理念兴起，因而德国的设施往往扎根于社区。通过对老年人的生理、心理需求深入地了解分析，现有设施的建设将家庭、社区、养老设施的功能较好地结合起来，不断地完善，力求在为老年人提供舒适的居住环境的同时，兼顾老年人的医疗健康、社会交流、精神关怀等需求。在充分利用城市资源的同时，设施内部资源也面向社区开放，以实现双向的资源共享。例如一些养老设施在首层设置了日托空间、小教堂、社会救助站、社区餐厅以及部分可供出租的办公用房。这些空间不仅为居住在养老设施中的老年人服务，同时也可为周边居民提供服务，从而增加老年人和周边居民相互之间的交流。

3.设施功能趋向综合性，满足不同老年人的差异化需求

综合性是近年来德国养老服务设施的又一个发展趋势，通常将老年公寓、日间照料、长期照护，甚至临终关怀、心理慰藉等功能整合在一个或一组设施中。其中，老年公寓主要针对居家护理的老人，公寓内进行无障碍和适老化设计以改善老年人的生活。日间照料主要针对身体状况良好的年轻老人，这部分老年人大多为周边社区内的可以自理、半自理的老人，日间照料可以为他们提供就餐、活动、交流等场所。长期照护主要针对失能、失智老人，由专业的护理人员为老年人提供全天候的照护服务。临终关怀主要针对步入生命最后一段旅途的临终者，一般为高龄老人或是绝症患者，主要为老人提供生活方面的照护和心理方面的疏导，减轻老年人的痛苦，保持其尊严，直至生命的终点。心理慰藉室主要针对逝世老人的亲友等，当老人离去，亲属和朋友可以进入这个房间调整情绪，平和心态，通过音乐、交流、静思等方式让自己放松。

4.组团式的空间布局,家庭式的室内氛围

目前许多德国的养老设施都采用组团式的布局方式,在满足老年人最基本的居住需求的同时,还满足其交往、公共活动的需求。

组团化的布局方式是指将几个居住单元组织在一起,这种布局方式下的护理站和公共活动空间并不集中设置,而是分散到了各组团中。这样的布局方式有两个优点:一方面,减小了服务人员的服务距离,便于灵活管理;另一方面,每一个活动空间的面积相应缩小,避免了太多人活动的嘈杂以及多人同时就餐的吵闹,使老年人的隐私能够得到更好的保护,并使得居家感更好,活动更加舒适,同时也便于老年人形成比较小的社交圈,相互熟识。

每个组团设置一处开放式的公共起居室,其功能复合化,通常包括吃饭、娱乐、简单康复、交流等功能,例如德国某老年护理中心,组团内的公共空间既是老年人就餐的场所,也是老年人交流聊天、读书看报的空间。同时,公共活动区域的设计采用温馨的设计风格,使居住氛围家庭化。室内采用多样化的家具形式和布局,为老年人创造丰富的个性化空间。组团的设置同时增加了组团之间的联系,增强组团内老人们的熟悉度,使得老人们在养老设施中重拾了邻里的感觉。有的设施还将厨房分散到每个组团,由组团负责人与老人们商量制定个性化的菜单,老人们可选择参与现场制作,饭菜的香气弥漫在室内空间,进一步营造了温馨的家庭氛围。

5.室内空间细节设计注重适老化、人性化

德国养老设施的室内空间特别重视细节的处理,强调适老化和人性化的设计。一方面,实现全方位无障碍设计。例如养老设施内部的走廊都安装了扶手,扶手形状多采用直径约为 40mm～50mm 的圆柱形(适合老年人手的尺度);考虑到更舒适的触感,一般使用木制扶手。

在转角处都对墙面的直角进行了特殊包裹处理，防止老人尤其是使用轮椅的老人出现磕碰现象。卫生间设置无障碍扶手，扶手颜色采用与墙面、地面对比度较大的红色，扶手的下部直接放置了纸巾，将扶手与纸巾盒的功能相结合，同时，考虑到老年人一般如厕时间较长的特点，在坐便器的后侧结合扶手设置了软质的靠垫。另外，一些坡道、电梯、门、浴室等的设计中都体现了全面无障碍的理念。

另一方面，注重细节的人性化处理。养老设施中的临终关怀房间的卫生间中，镜子与墙面呈一定的角度，尽量减少老年人在镜子中因不经意间直视自己的面孔而产生消极心理的情况；卧室中，在与床相邻的两侧墙面上设置了多处不同位置的插座位置，这一设置给了老年人对自己卧室布置的自主性，为床铺的横竖两种摆放都提供了可能性；同时，床头柜底部带滑轮，可随意摆放位置，方便老年人的使用；床头柜的侧面还可以拉伸出一个小桌板，方便老人在床上进行阅读、就餐等；将灯带布置在吊顶的侧面，在保证充足灯光的前提下使光线更为柔和，以适应老年人的视力状况。

6.科学的技术规范，定制的消防设计

消防设计是养老服务设施建设的关键难点，值得一提的是，德国养老设施的消防设计采用性能化设计，与我国有着很多的不同。我国《建筑设计防火规范》《建筑内部装修设计防火规范》等标准对养老设施的消防设计提出了一系列的技术要求，全国的养老设施采用统一标准。

而在德国，虽然有一定的法规及标准对养老设施的消防设计进行了规范，但在实践中会根据每个设施不同的特点来制定防火疏散方案。在养老设施的设计阶段，消防部门派遣专门的消防设计人员与建筑师根据项目具体的特色进行沟通协商，针对每个养老设施不同的情况对设施的消防进行个性化定制。德国的这一做法，使得消防设计在建筑设计中更灵活，更为人性化。例如养护院消防部门对于防火分区、疏散楼梯、消防喷淋的设计是根据该项目与消防中心的距离、设施的面积、具体功能的布置、床位数等进行综合考虑的，在保证消防队 10 分钟可以抵达现场的前提下，该设施未设置喷淋等设施。

同时，考虑到入住养老机构的老年人腿脚不便的情况，养老服务设施的疏散原则是在实际发生火情时，以等待救援为主，以主动疏散逃生为辅，将老年人安全转移到发生火灾的防火分区之外，等候消防人员的抵达和救助，减少老年人在逃生过程中发生意外情况的可能。

二、德国养老保险制度与护理保险制度

德国的社会保障体系中有五个重要的组成部分，分别是医疗保险、养老保险、意外保险、失业保险以及护理保险。以下着重分析涉及养老领域的养老保险制度与护理保险制度。

（一）德国养老保险制度

1.养老保险制度的特征

在 1889 年，德国政府就初步建立了养老保险制度的雏形，颁布了《伤残和老年保险法》。迄今，德国的养老保险制度已经有 100 多年的历史，是世界上养老保险制度最为先进的国家之一。随着社会的发展、产业结构的调整和老年人口比例的变化等，德国养老保险制度也在历史的进程中不断地进行创新与改革，并形成以下特征：

(1)三个支柱共同支撑。德国养老保险制度是社会保障制度的核心组成部分，其主要由法定养老保险、企业养老保险和个人养老保险组成。其中法定养老保险是德国社会保险体系中所占比重最大的部分（雷建，2015）。

(2)覆盖人群范围广,涉及种类多。德国养老保险的覆盖范围广,为德国绝大多数人提供了保障。一方面,从法定养老保险来看,它所包括的工人养老保险以及职员养老保险,就几乎覆盖了所有的劳动者以及独立经营者,占从业人数的90%。同时,德国养老保险的覆盖面体现了社会公平的原则,养老保险的受益者不受职业、社会地位、性别、地域等因素的影响。另一方面,德国养老保险的类型也多种多样,可以满足不同个体的差异性需求,居民可以根据自身的情况进行选择。针对已达到退休年纪的老年人,主要有常规的养老保险、妇女养老保险、矿工养老保险等;针对收入能力下降的人群,主要有严重残疾致丧失工作能力或无劳动能力养老保险、失业人员养老保险等;针对死亡的群体,主要有其遗属的孤儿养老保险、鳏寡养老保险等。

(3)养老保险金相对独立,执行现收现付制。为了避免国家财政与社会保险事务的交叉,德国的养老金管理采用自治管理的手段,即建立独立于国家财政部门的社会保险公司和养老保险机构联合会作为养老保险事务的管理和监督主体,并由专业的投资公司进行投资和运营。这种相对独立的运营模式,避免了政府对养老金的干涉。同时,在这种体制下,政府将专注于宏观政策的制定,负责养老保险制度运行的预测和监督,确保参保人的权利不受侵犯,以促进实现社会公平。

德国的养老保险采取现收现付的策略,全国实行统一的缴费比例,费率由各保险公司根据每年的情况拟定,由财政部和劳工部的专家审核后执行现收现付制。这样的方式兼顾了公平与效率价值,使得多数低收入老年人的生活得到了保障。

2.养老保险制度的改革

德国的养老保险不采用个人账户积累制,而是使用目前正在工作的劳动力的养老保险金来支付已退休的老年人的相应费用，即所谓的代际收入再分配制。随着德国的老龄化程度的加深，劳动人口的比例在逐年下降（到2030年适龄劳动人口将从4200万减少至3300万），这种代际收入再分配的情况无疑加重了投保人的负担，且最终将会导致养老金呈现入不敷出的情况。因此，德国政府近年来施行了一系列的改革措施：

（1）降低法定养老保险比重，提高缴纳个人养老保险的比例。对养老保险三个支柱的比重进行了调整，从原先以法定养老保险为主，逐渐转为鼓励公民企业及个人缴纳养老保险。2001年德国政府开始全面推行“李斯特养老金计划”，该计划规定德国公民只要和保险公司、银行或者基金等签订个人养老保险合同，即可获得国家的相应补助。

（2）采取新的养老保险计算方法，灵活调整养老金水平。在养老金的计算方法上，德国政府也进行了相应的改革。例如在1999年，就提议将人口因素加入养老金的计算公式中；2004年，德国通过《养老金可持续法》，把可持续的变量引入，将养老金与失业率、寿命等挂钩，当失业率增加，平均寿命预期升高，养老金的发放金额就会随之降低。

（3）提高退休年龄，延迟法定享受养老金的年龄。1992年德国进行养老保险改革时，将法定的退休年龄规定为65岁。2007年3月，德国议会通过法案，从2012年至2030年逐步将法定退休年龄从65岁提高至67岁，以缓解仍在工作的劳动支付退休老年人的养老金的压力。对于选择提前退休的老年人，将延后其享受养老保险金的年龄。

（二）德国护理保险制度

在德国，与老年人生活息息相关的另一个制度是护理保险制度。该保险制度从1995年正式推行，实行“护理保险跟随医疗保险”的原则，即所有参加法定医疗保险的公民都必须参加护理保险，以便未来在公民行动不方便的时候，由相关的专业护理机构对参保人进行护理协助。

1.按老年人身体状况划分护理等级

2013 年之前，德国养老护理按照老年人的身体状况划分为三个级别：1 级护理、2 级护理和 3 级护理，分别对应比较需要护理、严重需要护理和极度需要护理的老年人。1 级护理每天护理至少 90 分钟，2 级护理每天护理至少 180 分钟，3 级护理每天则护理至少 300 分钟。2013 年起，又引入了 0 级护理和特级护理。0 级护理对应护理需求未达到 1 级护理，但在生理或心理方面需要一定帮助的老年人；特级护理对应护理需求超过 3 级护理水平的老年人。

德国老年人能够享受的护理服务可分为居家护理和入院护理两种类型。其中，居家护理的 0、1、2、3 级护理的费用分别为 120、235、440、700 欧元。与之相对应的，入院护理分为半住院和全住院两种，针对全住院情况，0、1、2、3 级和特级护理费用分别为 225、450、1100、1550 和 1918 欧元。

2.护理保险金的缴纳与给付更加科学合理

护理保险的投保费根据投保人的收入进行计算。自 2015 年起，护理保险的缴纳比例为工资的 2.35%，投保人和雇主分别承担 1.175%；没有子女的老年人需要缴纳 2.6%。失业人员的护理保险费由劳工局负责承担，退休人员的护理保险费由退休人员和养老保险机构共同负责承担。

德国的护理保险主要采用现金给付的方式，用于资助基本的个人护理或家务援助。当老年人入住养老院，或者请专业的护理公司进行护理时，产生的护理费一部分可从护理保险金中支取，另一部分则由个人支付。当老年人由自己的家人或者亲属进行护理照顾，且每周保证一定的工作时长时，该家属可以按月从护理保险金中领取津贴。

3.护理人员庞大，拥有完善的培训制度

德国的护理保险体系与医疗体系分离，因此护理人员也与医护人员不同，这也使得德国的护理行业十分的发达。每100位进行居家养老的老年人平均需要48名护理人员进行护理照料，每100位进行机构养老的老年人平均需要83名护理人员进行护理照料。德国庞大的老年人口数目使得其对护理行业从业者的需求是巨大的。2010年，德国在养老设施服务的工作人员有62.1万人，在流动护理服务机构就业的人数为27万人(其中一部分人员为兼职工作人员)。

除此之外，德国还有一套较为完善的护理培训制度。护理人员需要经过培训方能上岗，培训可分为长期培训(2年)、短期培训(160小时)加理论和实践的学习(1年)，同时也有专业的护理职业学校培训(5年)。培训后的护理人员也可选择不同的服务类型，例如专业护理、家政服务、陪伴服务等。专业护理是指协助老年人完成日常的起居、用餐、洗澡、如厕等，家政服务包括帮老年人洗衣、做饭、打扫卫生等，陪伴服务则是指陪伴老年人外出散步、进行教堂礼拜、做游戏等。另外，还有不少社区的志愿者无偿地参与到老年人的护理服务工作中来。

三、德国养老设施的中国化借鉴

虽然中德两国文化背景、经济状况和老龄化程度存在着很大的差距，但是同样面临老龄化的困扰，中国的老龄化程度正日益加剧，中国的养老制度和养老设施的建设都面临着严峻的挑战。通过对德国老龄化现状、养老政策制度、养老服务设施的发展和特征的研究和分析，总结出以下几个方面供我国借鉴：

(1)完善社会养老保障制度。德国的养老保险制度由法定养老保险、企业养老保险、个人养老保险三个支柱共同支撑，并在发展过程中逐渐扩大个人养老保险的比例，在养老金的计算上加入人口因素等影响因子，这对我国目前的政策有一定的借鉴意义。

(2)加快护理行业的发展。在中国未来的养老事业中，也可以借鉴和参考德国的护理保险制度和成熟的护理行业发展模式，推广长期护理商业保险产品，建立健全长期照护项目及服务标准、质量评价等行业规范，同时培养专业的护理人才，探索建立从居家、社区到专业机构等的比较健全的专业照护服务体系，保障老年人长期护理服务需求。

(3)养老服务设施面向社区。德国现阶段新建的养老设施选址多在城市中心区，有完善的配套服务设施的首层往往向社区开放，在与社区共享的同时，加强了社区与老年人的互动。

(4)养老服务设施内部空间设计。在养老设施内部空间的设计中，德国的养老院也有很多值得学习借鉴的地方。例如组团式的布局方式，家庭式的氛围环境，分散式的公共空间，复合式的活动功能，等等。在充分了解研究老年人的身体情况、行为特征、心理需求的前提下，一切以人为本，打造人性化的养老服务设施。

第五节　国际养老服务体系建设经验对中国的启示

一、国际养老服务体系建设经验

随着养老居住模式的变革，各国对养老服务体系的定位及建设理念亦随之发生变化，主要体现在以下三方面：

(一)从"保障基本生存"到"保障生活质量"

发达国家早期的养老服务设施主要是由政府、教会或民间慈善组织兴建的,为贫困伤病老人提供临时居所和食物援助的"庇护所"。随着国家经济的繁荣和社会福利体系的建立,政府开始开办能为部分老年人,特别是为退伍军人提供基本生活和医疗照护,并可以使其长期稳定居住的机构。这类机构大多是由医疗机构分支出来的医护型养老院,延续了多人合居一室的医院病房模式——环境冷漠乏味,缺乏个人私密性,也没有社交娱乐条件,行动不便的老人往往只能终日卧床,使住进养老院的老人长期处于消极萎靡的精神状态。

20 世纪 80 年代,欧美等国家战争后出生的一代步入老年。客观上,这一群体在政治、经济、文化等各个方面对社会发展的贡献和影响重大;主观上,他们的自尊、自强、自我关注、自我表达带动了整个社会对老年人权益的重视和行动支持。各国政府也开始对老年社会学、老年心理学、老年病学等学科研究增加投入,直接或间接地为提高老年人的生活质量提供了更多的科学依据和实践方法,促进了养老服务设施在物质环境、护理技术等方面的改善。养老服务设施逐渐从福利性质的收容场所向居住性质的生活场所转变。养老服务设施的建设理念开始变得充实与丰富,逐步摒弃最早以医院为原型的养老设施建筑形式,开始强调对居住环境、生活质量品质的保障,例如提倡设计的人性化、在建筑空间实现居家化(去机构化)等。

(二)从"辅助生活"到"关注个体"

自 20 世纪 90 年代末起,综合社会学、医学、生理学、心理学等学科针对老年人群研究所取得的突破性成果,欧美发达国家纷纷以蓝皮书、白皮书的方式将老年照护理念从"辅助生活"提升到"关注个体"的层次上——即强调把消极救助变为积极预防,通过便利和辅助老年人基本日常起居活动来延长其独立生活的时间；在必须接受不同程度人工护理的情况下，通过开展各种互动活动和加强有益的物质环境刺激，帮助老年人维护生理机能和促进其形成积极的心理模式。这一理念的推广促使养老服务设施的环境和服务发生了一系列根本性的变化，主要表现在以下三方面：

(1)在设施类型和供应比例方面，更加突出日常居住、生活、娱乐特性。对原有住宅的适老化改造，以及老年公寓、老年社区和辅助生活型设施的开发建设逐渐取代了传统医护型养老院，这种趋势成为国外养老服务市场供给的主流趋势。这些新的设施类型更好地适应了大多数并不需要 24 小时医疗服务的老年人继续开展居家式生活的实际需求，既避免了传统养老院的类医院环境和类病患照护方式对老年人造成的负面心理影响，也在一定程度上缓解了公共医疗资源的压力。

(2)在服务团队配置方面，形成了更合理的人员架构。在服务团队的人员配置方面，逐步从以医护团队为主，转向以老年学专业技术团队为核心、基础护理和医疗人员为基本保障的人员架构。其中，技术护理团队包括心理治疗师、物理理疗师、作业理疗师、社会文化活动教育员、社工等。其工作内容除了组织一般性的娱乐活动，还包括更有针对性地提供个人或集体认知活动、体能锻炼活动和日常生活作业活动。这种照护方式既科学地提高了对老年人的照护效果，同时也减轻了护理员、护士、医生的工作压力。

(3)在建筑功能、形式及空间环境方面对设计提出了更高要求。主要是指在养老服务设施的功能配置、空间组织形式以及老人起居和公共活动空间环境设计层面考虑老人的居住需求及心理感受，并进行更多样的设计予以满足。例如，增加了相对独立又能灵活互通的起居、就餐、娱乐、健身等公共功能空间；强调声、光、热、通风等建筑物理环境的自然舒适性；注重在空间尺度、环境色彩、材质和家具装饰物等细节中营造家居氛围；在活动室的空间形态上考虑以活动主持者为圆心的围合型活动模式；加强个人空间的私密性和稳定性，只设单人或双人居室，避免设置多人间。

（三）清晰的养老服务主体责任划分

美国、日本以及德国在进入老龄化社会后，养老服务参与主体的责任分担非常明确。居家养老、社区养老以及机构养老的服务供给高度市场化，营利性、非营利性组织以及志愿者等扮演着养老服务直接供给主体的角色，政府虽然没有直接参与养老服务的供给、组织和操作，但在制定法律法规、制定标准、审核监督、资金支持以及对养老服务供给主体的监管等方面承担主要责任。美国种类繁多的养老院、护理院、康复院以及医疗机构等，提供了满足老年人多方面需求的养老服务，有力地推动了养老服务体系的发展。德国政府在养老服务供给中承担的责任比较有限，只有在家庭无力提供养老服务时，政府才会介入；同时，政府鼓励家庭照料，对于提供家庭照护的家庭照顾者，会给予一定的经济补偿。日本政府负责制定养老服务规划、出台政策法规、监管营利和非营利组织、提供资金资助以及培养人才等，营利和非营利组织、企业以及家庭负责养老服务的提供。日本养老服务供给主体有着合理的分工，各司其职，合力推动日本养老服务体系的发展。

二、国际养老服务体系建设对中国的启示

（一）政府主导，多元主体共担责

政府应充分履行责任，积极发挥主导作用。在国外的养老保障体系中，政府承担了法律制定、组织运行、资金支持、监管问责等责任。关

键目标有两点:一是要让有长期照护服务需求的老年人能够有购买力,即要有稳定的服务费用来源或者保障服务费用的制度安排;二是要提高服务供给的能力。我国必须从我国国力、养老文化、老年人口的赡养照顾状况和需求出发,结合本土实践和国外养老服务体系建设和改革的经验,发挥政府的主导作用,引导多元主体参与,责任共担,找准路径,突破关键环节,将养老事业和养老产业有机结合,稳步有序地推进。

根据需求层次理论,老年人对养老服务的需求可以从低到高按照生存型需求、普遍型需求和奢侈型需求三个层次来划分(孙碧竹,2019)。在不同的养老服务类型下,政府责任也有所不同。当基础的生存型需求得不到满足时,政府有责任保障公民的生存权。政府通过兴建公办福利院、购买养老服务以及提供养老补贴等方式,承担兜底服务供给责任,为城乡生活困难的老年人提供无偿的服务,满足其生存需求。对于老年人的普遍型需求,政府承担着有限的责任,主要通过政府购买养老服务以及国家财政补贴等方式满足老年人的养老服务需求。对于老年人的奢侈型需求,养老服务性质已经由公共物品转为私人产品,不属于政府责任范畴,基本依靠个人从养老服务市场进行购买来获得。

(二)完善养老顶层制度设计

发达国家在老年福利事业发展过程中基本上都是立法先行,以满足老年人的养老需求为出发点,通过立法和制度建设,正确引导市场和社会组织参与社会养老服务体系建设。美国在 20 世纪 60 年代就开始探索涉老法律,颁布实施了与社会养老服务体系建设紧密相关的市场准入、服务标准以及监管等法规制度。日本有关老年人的立法囊括了护理、保健、老年人福利以及人才培养等各个方面,在法律制度的保障下,社会养老服务体系建设得以有序稳步地推进。制度也不是一成不变的,制度的调整和改革需要以法律为基础。通过立法的形式赋予老年人的福利制度以法律地位，赋予社会养老服务体系制度化的规范，使政策的具体实施有章可循，有法可依。发达国家在发展养老服务时都提倡以市场化的方式提供养老服务，市场化的方式说明社会力量较强，但是并不意味着政府力量的削弱。如果养老服务的相关立法不到位，服务供给主体以及服务供给的全过程就无法得到有效的规制，容易产生养老服务市场混乱的局面。从发达国家的经验可以看出，关乎老年人的各类服务都有相应的制度予以支持保障。我国应持续加强在社会照料、老年人精神慰藉、长期护理保险以及老年人就业等方面的制度建立与完善。

（三）整合多方资源，投入养老服务领域

养老服务是混合品，政府、市场和社会三大部门以及家庭和个人都是责任主体，目前这五个主体的责任边界和责任共担机制尚未明确。全方位养老保障模式是世界各国养老保障改革的努力方向，应兼顾社会公平与效率，做好制度设计，理顺管理体制、明确运行机制、加强服务质量监管，促进养老服务快速发展。我国可以学习美国 NCRC(naturally occuring retirement community，自然形成退休社区)项目的组织方式，整合可用的多方资源；还可以学习美国的 PACE(the program of all-inclusive care for the elderly，综合性老人健康护理计划)养老医疗护理服务模式，该模式有助于建立新型有效的预防医疗服务体系，有组织地把老年人用系统化的方法组织起来。我国还应整合各种资源，支撑产业发展和事业建设；重视专业护理人才培养，加强中外项目运营合作；通过技术革新改善护理行业的工作条件，提升养老服务人员的经济地位；建立和巩固居家养老的人性化标准，提升老年人生活质量。日本、美国等国在养老设施及技术研发、人性化养老服务方面的经验我国可以借鉴，还可以同这些国家进行一些项目合作。

（四）明确养老服务体系建设的路径

以需求为导向，发展落实长期护理保险政策，重点支持社区养老。在我国，保障制度经历了国家全面保障到单位集体保障再到社会保障的三个发展阶段，对政府依赖度较高，变迁中的社会保障制度对“渐进式”改革形成了一定程度的路径依赖。凝结在家庭基础上的孝道文化对养老服务的社会化需求也有一定影响，欲提高老年群体对居家照顾服务的满意程度，使老年人的生活从家庭向社区转变，则社区要成为养老服务的中心，需要整合其已有资源，建立居家养老的社会支撑体系。此外，我国要研究改革路径，分阶段、有重点地推进。

养老产业看起来市场很大，但对于哪些服务才是老年人愿意消费的，要进行本土化的需求研究、引导、开发。养老事业与养老产业必须兼顾老年人生存型服务与发展型服务的需求。我国可以借鉴或改进发达国家正普遍使用的日常生活活动（activties of daily living，ADL）指标，尝试根据老年人的年龄阶段、健康状况、经济承受能力、个性差异、自理能力、病患级别等不同养老需求对老年人进行分类定级，提供差异化、多层次的养老服务。

明确机构养老、社区养老、居家养老各自的定位与推进的方向，在进行养老基本保障的基础上，实现三者的服务均等化，提升服务的专业性。应该从鼓励、支持社区养老服务的发展转变成真正意义上地将其列为政府所必须提供的基本公共服务，使机构养老、社区养老、居家服务可以共享资源，实现福利的最大化供给。

（五）智慧养老成为未来发展的方向

美国已经在利用大数据技术优势，建立完善的养老信息系统。如在政府的支持下建立家庭紧急救助系统，由与互联网连接的电脑、电视界面、电话和一系列传感器组成，这些传感器被精心放置在老人活动的关键地点，如浴室、厨房和卧室，采集老人的健康数据信息，进行智能管理。我国也在朝着智慧养老的方向努力。通过大力发展智慧养老，基本形成覆盖全生命周期的智慧健康养老产业体系，建立100个以上的智慧健康养老应用示范基地，培育100家以上的具有示范引领作用的行业领军企业，打造一批智慧健康养老服务品牌，制定50项智慧健康养老产品和服务标准，不久的未来，我国智慧健康养老产业体系将基本形成。

第六章 我国养老服务体系建设的优化路径

第一节 优化顶层制度设计及政策落实

一、优化顶层制度设计，全面提升养老服务质量

完善的顶层制度是养老服务体系规范运行的前提条件，也是提升服务质量的重要保障。目前养老服务供给不仅存在总量不足的问题，而且还存在质量不高的问题。在养老服务准入门槛降低的情况下，加强市场监管、提升养老服务质量就显得尤为重要。近年来，养老服务政策在这方面也加大了力度，对优化市场环境、提升服务质量起到了积极的推动作用：一是加强服务监管和行业自律。要求各地要加强部门协同配合，健全机制，加强监管，明确了严禁从事的活动；同时，要求加大对违法违规行为的查处，加强安全管理和信用建设，等等。二是出台了机构养老服务的国家标准。2017 年国家质检总局、国家标准委发布了《养老机构服务质量基本规范》并开始实施。《养老机构服务质量基本

规范》规定了养老机构服务的基本服务项目、服务质量基本要求、管理要求等内容，是有关养老机构服务质量管理的首个国家标准，标志着全国养老机构服务质量迈入标准化管理的时代。党的十九届五中全会更是明确提出要"健全养老服务综合监管制度"，这必将推动新的养老服务质量监管措施出台。提升养老服务质量尚需从以下三方面进一步努力：

一是建立全面的养老服务标准体系。养老服务标准应涉及七个层面：建筑层面、服务层面、设施设备层面、医疗层面、饮食层面、精神层面和制度管理层面。然而，目前我国的标准性文件并不全面，已有的规范与标准仅仅对养老机构建筑和硬件设施层面做出了相关规定，这对于规范我国养老市场而言显然是不够的。尤其是服务、医疗、饮食等与老人息息相关且能直接影响老年人满意度的层面缺乏标准规范，则容易造成服务人员专业素养缺失、医疗保障欠缺、老年人饮食存在巨大隐患等服务问题。所以，建立全面详细的标准体系才能从真正意义上规范养老市场，使更多老年人受益。

二是加强养老服务标准强制力，强化市场监管。合理健全的养老服务标准如果不能落到实处，无异于一纸空谈，所以出台相关法律和条例以保障养老标准的有效实施很有必要。养老服务应侧重于社会公益性，这是市场无法自行调节的部分，所以对养老服务统一标准的强制推行和实施大有必要，要依靠法律强制力来营造公平健康的养老服务市场。因此，应该完善养老服务标准法制层面建设，只有将国家出台的养老服务标准上升到法律的高度，赋予其强制力之后，才能就推进养老服务标准建设发挥实际性作用。政府应进一步做好养老服务供给的监管工作，健全相关法律法规，加大执法力度，对于损害消费者权益、牟取暴利、违背诚信等损害市场秩序的行为严加惩罚（张瑾，2018）。

三是强化社会化养老服务行业自律机制。在规范社会养老服务机构经营行为等方面，除了依靠政府来弥补市场失灵外，还需养老服务行业协会等第三方组织进行自我管理和约束。养老服务行业协会作为介于企业和政府之间非营利性组织，基于约束行业内相关企业、机构行为和保护行业共同利益而形成，是消费者、行业和政府之间的信息沟通、服务平台。通过积极组建、培育和发展壮大养老服务业行业协会，可以依靠养老服务行业协会对社会化养老服务机构进展管理和考核，加强协会会员间的交流合作与监督管理。如通过制定实施科学的养老服务机构星级评比机制，对养老服务机构进行奖优罚劣，引导、督促养老服务机构加强自身建设，提供优质养老服务资源，从而提高整体养老服务行业的服务水平和公信力，增强养老服务行业发展张力，提高养老服务的规范化程度，推进社会化养老服务体系建立健全。

二、重心下沉，大力发展居家社区养老服务

居家社区服务在养老服务体系中发挥着关键作用，居家社区服务决定着居家养老质量，影响着机构养老需求。社区居家养老具有让老年人不脱离熟悉的生活环境养老、活动自由性、费用节约性等特点，符合中国“未富先老”和老年人口基数大等国情，是解决老年养老的一个首选模式，对于保障老人的生活照顾和精神慰藉有着其他养老模式无法替代的绝对优势。党的十八大以来，尽管我国在居家社区养老服务方面着力较多，但仍然难以满足广大老年人的实际需求，居家社区养老服务是养老服务体系中的薄弱环节。我国应在充分考虑老年人需求差异性的基础上，大力发展更加有效率、公平和可持续的居家社区养老服务，提高居家社区养老服务的有效供给。养老服务政策的重心要进一

步下沉，继续大力推动与老年人密切相关的社区养老服务，为居家养老创造条件，夯实养老服务体系的居家养老基础（林宝，2021）。

首先，支持家庭承担养老功能。把鼓励和支持家庭成员与老年人共同或就近居住落到实处。在这方面，新加坡等国家的经验是值得借鉴的。新加坡政府规定，如果选择与父母或已婚子女一起购买转售组屋，或购买对方住家附近的转售单位，可享有最高四万新加坡元的公积金购屋津贴，不论是首次购屋者还是已享有购屋津贴的家庭都可以享受这一津贴；对父母和子女为就近居住置换和购买住房的，免除或部分免除相关税费。

其次，要进一步加强资产整合，增加社区养老服务资源。一是应加强利用闲置的楼堂馆所、办公用房、农村撤校后的小学校舍等，适当改造为社区养老服务机构和设施，通过闲置资产整合降低养老服务成本、优化养老服务资源配置，增加服务可及性；二是要加强现有社会服务资源整合，要利用好现有的餐饮、家政及其他生活服务资源为老年人提供养老服务，通过政府购买服务、财政补贴等措施引导相关企业提高服务的适老性，使其成为社区养老服务的重要补充和有机组成部分；三是要开展社区养老服务机构和设施规范化建设，要通过加强社区养老服务设施建设，使社区普遍具备开展养老服务的基础条件，通过机构和设施建设，使社区服务可满足老年人生活照料、医疗康复服务和中介服务等方面的需求。

再次，扶持、培育居家养老上门服务机构和企业。居家养老把社会化的养老服务延伸到家庭，为居家养老的老人提供服务的不仅仅包括家庭成员，还包括政府、社区、养老服务机构和企业，以及志愿者和义工等。其中，养老服务机构和企业是居家养老上门服务最重要的提供者，如日本的“到宅沐浴”，即是为老年人提供上门沐浴服务。具体而言，政府应为居家养老服务机构和企业免除税费负担，提供用水、用电、用气优惠；护理保险的补偿，应该从限于入住护理机构的护理费用补偿扩大到居家养老服务机构和企业提供的上门服务；应发展志愿服务，降低居家养老服务机构和企业的人工成本。

最后，要进一步加大对社区养老服务的支持力度，应通过土地、财政、税收等方面的支持措施增加社会力量参与社区养老服务的积极性，丰富社区养老服务供给；加强社区养老服务人才培养和就业岗位支持。特别是应加强对农村社区养老服务业的支持，要积极引导各类社会力量参与农村养老服务，切实补上农村社区养老服务这块短板中的短板。

三、分类推进，深化公办养老机构 PPP 改革

公办养老机构应充分发挥其基础性、保障性作用。按照国家分类推进事业单位改革的总体思路，理顺公办养老机构的运行机制，建立责任制和绩效评价制度，提高服务质量和效率。

第一，采取公办民营形式。鼓励有条件或新建的公办养老机构实行公建民营，可以通过公开招投标选定各类专业化的机构负责运营，负责运营的机构应坚持公益性质，通过服务收费、慈善捐赠、政府补贴等多种渠道筹集运营费用，确保自身的可持续发展。

第二，采取公共部门与私人部门合作的模式，即 PPP(public－private partnership，政府和社会资本合作)模式。在该模式下，所有产品和服务均由市场提供，政府要和承接企业签订合同，提升政府公共养老服务的托底保障能力。我国机构养老服务领域引进 PPP 模式也要分两种情况：存量部分和增量部分。对于存量部分，可以选择性地保留一

部分，承接进入标准严格的低端托底服务；其余的通过托管经营、股份合作、产权整体转让等方式由社会企业经营，参与市场竞争。对于新增的公办养老机构（即增量部分），应该用公建民营、民办公助或者完全民营[BOT（build-operate-transfer，建设—经营—转让）模式]等形式进行市场化运作。PPP模式是政府与私人部门之间的多样性安排，可以实现服务安排与服务生产的分离，再搭配合适的合同就可以实现公办养老机构有效的市场化。在公办养老机构PPP模式中，政府应该是公共养老服务的安排者，决定哪些老人的养老服务由政府托底、其服务水平是什么、通过什么方式托底、采取什么样的付费方式。而机构养老服务的生产，完全可以通过外包、补助、特许经营等形式由私营部门或社会机构来完成。整个生产环节实现市场化，可以有效化解现有公办养老机构同时提供两种性质服务而产生的定价困境。

四、发挥市场资源配置作用，分类支持民办养老机构

充分发挥市场在资源配置中的基础性作用，高端养老服务交给市场去运作，地方政府应停止给高端养老机构财政、土地上的支持和各种补贴，政府应把工作重心放到低收入和中等收入的老龄群体上，特别是广大农村老龄群体的养老建设上，加大对社区和居家养老服务的财政支持力度，支持机构为失能和失智老人群体提供服务，加强对社会资本的引导与调控。政府应尊重市场规律，以需求引导供给，取消床位拥有率等政府规定市场规模形式的考核指标；加强对非营利性社会办养老机构的培育扶持，采取民办公助等形式，给予相应的建设补贴或运营补贴，支持其发展；鼓励民间资本投资建设专业化的服务设施，为老年人提供更好的社会养老服务；推动社会专业机构以输出管理团队、开展服

务指导等方式参与养老服务设施运营，引导养老服务组织向规模化、专业化、连锁化方向发展。

五、总结经验，出台统一长期护理保险制度

长期护理保险制度通过社会共济可有效分担参保人的长期护理费用，从而降低服务使用人的支付负担，可快速提升老年人的支付能力和服务购买力，将极大地促进养老服务需求的满足，推动养老服务业繁荣发展。该制度是打通养老服务各环节的关键政策，对于应对人口老龄化和推动服务业发展具有积极的意义。目前，长期护理保险试点已经超过 6 年，不宜时间过长。这是因为：第一，试点期过长会导致各地制度定型，造成制度分割，将来统一难度大；第二，试点城市较少、覆盖范围有限，不能满足其他地区更多群众的长期护理需求。

因此，当前应该总结经验，尽快出台一个统一的福利性、普惠性和强制性长期护理保险制度，为国民提供标准化的基本护理保障。参考国际经验和试点经验，本研究提出如下建议：在参保对象上，以目前城镇职工基本医疗保险、城乡居民基本医疗保险的覆盖范围为基础，将大部分在职人员和全部老年人纳入参保范围；在资金筹措上，建立多源合一的筹资机制，以保险缴费为主要资金来源，以政府补贴和使用者负担为补充；在需求评估上，建立全国统一的护理需求分级和评估制度，统一评估老年人护理需求等级并以此确定服务标准；在保险给付上，根据不同情况采用实物支付、现金支付和混合支付等多种支付方式，实现支付效用最大化。在制度起步阶段，鉴于长期护理保险将节约部分医疗康复费用，可以考虑从医疗保险基金中划拨部分资金，还可以从国有资产中划拨部分资金。考虑到中国“未富先老”的现实，长期护理保险可

以从低水平起步，坚持宽费基、严受益的原则，先把制度建立起来，解决最为紧迫的失能老人的护理保障问题，然后再根据社会经济发展条件和人口状况变化进行调整和完善。

六、焦点转移，从顶层设计走向具体落实

党的十八大以来的养老服务政策及其实施过程，在一定程度上存在重顶层设计而轻具体落实的现象，影响了政策效果。在养老服务政策总体框架基本成型的前提下，下一步应该将工作的焦点更多地转向推动政策的具体实施，让前期制定的各项政策落地。这既有利于维护政策的权威性，又有利于提升政策的有效性，更好地释放养老服务政策红利。为此，必须系统梳理现有政策，总结实施情况，排除实施障碍，切实推动政策实施，重点从以下两个方面推进这一工作：

一方面，明确政策落实责任。要将落实不到位的政策内容和主要障碍，根据部门分工和职责划分，明确到具体政府部门，重点督促落实。不同层级政府应以责任清单的形式，明确各项养老政策实施的责任主体、落实形式和具体安排，确保每一项政策都有牵头负责单位、具体责任要求和落实时间表。同时，向社会公布责任清单，由社会监督政策实施情况，以推进实施进程和确保实施效果。

另一方面，加强政策检查和评估。将检查和评估作为政策实施的一个必要环节和重要内容，抓住重要政策内容、重要时间节点对各地区的政策实施情况进行检查和评估。检查和评估的重点有两个：一是各地区政策的落实情况，二是政策的合理性和实施效果；前者在于推动政策落地，后者在于矫正政策执行偏差和完善后续政策设计（林宝，2021）。通过政策检查与评估，增强各部门在出台各领域政策时的协调

性，实现政策实施事前、事中和事后的统一，使整个政策实施过程系统化，更好实现政策目标。要建立对政策实施不力的问责机制，根据政策实施检查结果，对不落实或是消极落实政策的相关责任人及时问责，形成约束，增强相关责任人履职的自觉性，确保其切实履行政策落实责任。

七、动能转换，进一步强化创新驱动

创新是引领发展的第一动力。抓创新就是抓发展，谋创新就是谋未来。当前，在各类支持政策密集出台的大环境下，我国养老服务发展仍然面临诸多困难，如资源紧张、人才匮乏、企业生存困难等，说明传统的养老服务发展模式存在较大的局限性。特别是未来面临经济增长减速、劳动力负增长等宏观因素的影响，养老服务行业中的企业普遍运营困难、护理人员严重缺乏等问题更是将长期存在。创新是打破这一困局的关键，只有通过创新扫除制约养老服务发展的各种障碍，营造有利于新技术应用和新业态发展的政策环境，才有可能实现突破，促进养老服务业的快速发展。为此，必须实现动能转换，积极落实创新发展理念，进一步强化创新驱动。

一方面，要积极推动智慧养老新技术的研发和应用，要加快 5G、物联网、人工智能、可穿戴设备等技术在养老服务领域的应用，通过新技术的应用实现资源整合、人力节省、服务便利、质量提升。

另一方面，要加快养老新业态的培育。培育养老新业态的关键是要相信民间智慧，鼓励社会力量大胆创新，探索新的养老服务发展模式。培养养老新业态可重点关注产业融合、资源整合、全产业链贯通等领域。

第二节　补长农村养老服务建设短板

一、完善农村社会养老服务政策制度

第一，制定发展规划。盘点当地养老服务设施、服务人才、服务组织和标准规范等的现状、缺口与困难，并结合当地经济社会发展状况，建立覆盖国家、省、市、县等多层级的农村养老服务体系建设专项规划体系，为各地区、各部门推动农村养老服务体系建设指明方向、提供指导。

第二，理顺体制机制。在尊重法治的前提下，充分尊重村民关于养老的自治实践，以各种方式鼓励村民委员会、老年协会、其他农村基层组织以及城市地区成熟的社会组织等积极探索农村养老服务新模式，省、自治区、市民政部门应及时发现问题、评估问题并给予指导和支持。同时，将农村养老服务发展任务纳入乡村治理体系建设，全面落实“三治”方案，努力搭建农村养老服务发展新型治理格局。

第三，省市县乡财政、社会捐助、个人共同分担养老服务费用，加大财政投入力度，不断拓宽筹资渠道，探索多元化的投资方式，逐步提高农民人均养老金水平以及农村低保、特困人员的保障标准和覆盖率，保证年均供养水平能满足相应群体基本需求。

第四，不断加大新型农村合作医疗（简称“新农合”）筹资力度，提高“新农合”报销比例，进一步改善乡、村医疗设施条件，制定优惠政策吸引更多更专业的医务人员投身农村医疗卫生事业，并逐步取消省、市级定点医疗机构补偿报销的起付线和封顶线。

第五，尝试建立新型老年互助合作组织。主要是通过政府支持，设立老年人互助养老机构，使老年人通过互帮互助安享晚年。

二、加快建设农村养老服务设施

没有充足且质优价廉的养老机构仍然是农村养老服务的弱项，作为以兜底群体为主要对象的敬老院，不管是规模上还是服务上都需要进一步扩大，公共财政应结合当地情况加大敬老院建设投入，并鼓励以特许经营、公建民营和民办公助等形式运营且给予运营补贴。同时，政府应加大对农村敬老院建设标准和服务质量的监督监管力度，让农村敬老院切实成为困难老年群体的“温暖之家”。为此，应以行政村为单位，由各级财政投入建设社区养老服务中心，并以服务的老年人规模为依据配套服务设施，鼓励各服务中心根据辖区内老年人的需求灵活开展服务工作。在农村老年人日间照料中心、托老所、老年人活动中心、互助式养老服务中心等社区养老设施中配备护理设备、康复性活动器材、日常医疗设备、辅助性医疗康复设施以及文娱活动类设备等。在偏远的自然村建立偏远自然村和行政村紧急救援机制。加快农村养老服务机构医养融合发展，一方面可以建立具有综合服务功能、医养结合的养老机构，另一方面可以打通两类服务机构之间的转介机制和报销机制[①]。

---

① 杜鹏，王永梅.乡村振兴战略背景下农村养老服务体系建设的机遇、挑战及应对[C]//党俊武，王莉莉中国老龄产业发展论文集.北京：社会科学文献出版社，2021：223-236.

三、加强孝道文化宣传，发挥社会资源作用

第一，加强孝道、敬老文化宣传。提高社会成员对农村老年群体的关注和关心程度，最直接的途径和方法就是不断加强孝道、敬老文化宣传，充分发挥社会媒体强大的社会影响力，多播报一些与弘扬孝道敬老相关的视频资料，增加人们的关注，帮助人们树立强烈的敬老观念，转变人们的敬老意识。

第二，充分发挥社会资源的作用。国外养老保障体系之所以发展得比较成熟，很大程度上是由于国外的社会组织比较健全。因此，我国政府应该做好未来慈善事业发展的科学规划，多鼓励慈善组织关注农村社会养老问题，倡导建立更多的具有影响力的慈善基金组织，为完善农村社会养老服务体系建设提供更多的资金保障的同时也可以借此在社会中形成很好的宣传效果，增加人们的关注。

第三，建立农村社会养老志愿者服务体系。最好是选取那些与农村社会养老服务具有紧密联系的部门人员加入，包括妇联部门、民政部门、财政部门等。每一位志愿者在参加志愿者活动前都应接受专业的培训和考核，确保这些志愿者已经具备较强的能力，能够帮助农村老年人解决生活中的一些实际问题。此外，还需注重长效机制的建立，这样才能确保服务效果的达成。

四、加强农村养老服务队伍建设

农村养老服务队伍建设面临的主要问题有服务人员数量不足、就业观念落后、职业吸引力不足、服务能力低下和工作模式单一等。在乡

村振兴战略的背景下，可从以下方面重点发展：一是通过举办人口老龄化国情教育、老年照料公益培训和村（社区）集体宣传活动等，不断提高村民对于养老服务的认知，激发他们从事养老服务的热情，为农村养老服务队伍建设奠定认知基础；二是发动农村妇女、低龄老人、灵活就业或经营人员、待业人员，特别是有意从事养老服务的人员等参与养老服务工作，通过专业培训提高其业务能力；三是在县（市）级职业教育中设置养老服务与管理专业，将养老服务队伍中具有较高文化水平或发展潜力的中青年人纳入农村专业人才队伍建设计划，着力打造一支本土本乡懂业务、会经营的养老服务人才队伍；四是探索建立农村地区养老服务职业技能培训制度，增强职业培训的计划性、针对性和有效性，不断提高其职业化、专业化和标准化程度；五是充分利用好返乡人士中有意从事农村养老服务的人员，比如党政干部、医生教师、退伍军人、志愿者等。另外，还要不断创新养老服务模式、提高养老服务工资水平、增强养老服务工作的弹性和职业吸引力等。

五、帮助老年人树立现代养老观念

随着养老观念的变化，老年人也应该适应现代养老观念，在打好经济基础后，依据自身情况选择最佳的养老模式。

第一，重视自身物质积累。提升农民重视自身物质积累的思想意识，同时鼓励其充分发掘自身潜力，提升自身素质，利用政策优势和良好的政策环境，在节流的同时更要做到开源，拓宽收入来源和渠道。

第二，适应现代养老观念。农村地区老年人应适应时代发展变化，不仅应为子女考虑、帮助其减轻压力，也应为自身晚年幸福考虑，转变以家庭养老作为唯一养老选择的传统观念，在年轻时通过加强经济储蓄，为养老方式选择提供充分的经济保障。

第三节　加快完善互助养老服务模式

从战略层面看，建立自助、他助、互助相结合的多元化养老资源供给格局，是应对人口老龄化危机的根本路径。互助养老模式是老年人社会参与的重要途径，是积极老龄化的重要表现，是我国未来养老模式的重要补充，其形式包括"志愿型""储蓄型""市场型"互助养老模式。互助养老在缓解养老资源不足、丰富老年人社会参与路径、弘扬互助道德文化等方面可以发挥积极作用。但互助养老模式在我国是一个新生事物，需要结合国情、地情、村情，借鉴国外成功经验和模式，充分调研各地实情，创新方式方法，因地制宜，探索发展新路。

一、完善顶层设计及配套政策

应结合国情，因地制宜地出台互助养老的法律法规和相关政策，如"时间银行"管理办法等，做好顶层设计，制定好相应的实施指导方案。具体可从以下几方面着手推进：一是与居家、社区和机构养老有效配合，建立村/居组织、乡镇/村居级卫生所、专业社工机构、互助养老及其他养老服务机构的合作机制。二是建立互助养老的相应配套设施，明确场地、规模、服务、配套设备、收费标准、人员配置等。三是加强诚信体系建设，建立养老服务培训制度，设定清晰的服务标准，对服务质量进行有效评估，对服务时间准确登记存档，为以后"服务时间储蓄"的接续服务提供证据，确保服务提供者享受相应的服务资源，同时还要确保“时间银行”中存储的劳务能在不同机构中“通存通兑”。四是注重监督，细化评价考核机制，从而推动互助养老的合法化、规范化运作。五是定期开展服务规划、财务管理以及组织管理等方面的培训，大力提升互助养老组织管理的规范性，注重服务的持续性。六是注重维护服务对象和服务提供者双方的权益，促进互助养老模式的有效运行（文丰安，2021）。

二、强化宣传，提升参与意识

要鼓励老年人之间的互助养老。目前我国的老年人口中，年轻老年人口仍然占有较大比重，应充分利用这部分老年人口的人力资源，优化制度设计，通过荣誉奖励、“时间银行”、设立公益岗位等措施鼓励老年人开展亲友互助、邻里互助、志愿服务，参与养老服务，实现老年人之间的互助养老。特别是在农村地区，年轻人大量外流，留守老人数量巨大，社会养老服务供给缺乏，更应该大力发展老年人之间的互助养老，把其作为解决农村养老服务的一种重要思路和途径加以支持。

调动广大老年人主动参与的积极性是互助养老的前提和关键。互助养老作为组织化、社会化的一种养老方式，是一种利益方面的合作，也是以现在自己提供的服务来换取自己今后所需时他人提供的服务，这种模式被老年人完全接受还需要一定的时间，所以必须加大宣传力度，提升老年人参与互助养老的意识和意愿。一是用喜闻乐见的方式，积极宣传互助养老的作用以及优势，提升宣传实效，营造良好的养老助老社会氛围。二是进一步增强服务的责任意识，加大为民赋权的力度，通过社区为老年人提供优质服务以提升他们参与互助养老的积极性、主动性。三是让老年人意识到养老问题并非仅是单个家庭的事情，增强村民的集体意识和归属感。四是将互助养老作为一种文化加以传承和发展，强化老年人提供互助服务的责任感。五是要搭建合适的平台，让老年人广泛参与，同时运用当前互联网的优势，采取线上线下相结合的方式，多渠道使老年人积极投入到农村互助养老的事业中去，促进互助养老的长足发展。

三、拓展渠道，资金保障到位

资金是互助养老的重要保障。互助养老服务具有福利性以及公共性，财政供给的主要责任由政府承担，地方政府可将互助养老资金列入财政预算之中，用专项经费支持互助养老发展。政府要推动养老场所建设工作，且要按照一定的标准评估，并提供补贴。同时可以发挥个体经营者、乡镇企业、知名人士以及行业协会等社会力量的作用，积极引导社会资本投入互助养老事业。在政策层面，政府也应给予一定支持政策倾斜，如各种税费的减免以及给予一定的财政补贴等。

四、群策群力，"三社联动"

当前，互助养老模式的有效实施必须要盘活各类资源，协同社会力量做好相应服务保障。第一，盘活人力资源，建立社区、社会组织和社会工作"三社联动"的运营机制。由于绝大多数老人居住在家中，所以社区将是"时间储蓄"助老服务的核心所在。参与"时间储蓄"的老年人和非老年人经由社会组织审核并登记在册，社区工作人员对需要或者有资格享有服务的老人进行摸底，由社会组织和社会工作人员协调安排服务人员；同时，社会工作者对参与提供服务的人员进行培训指导，确保为老服务合乎规范，以及提升服务人员的服务和护理水平。第二，盘活物质资源，政府与社会要注重资源点的分布，要为互助养老提供安全舒适的场所，要组织开展一些喜闻乐见的文体活动，组建各种兴趣小组，开展保健活动、讲座等，以充分满足参与互助养老的老人们的精神文化需求。第三，盘活医疗资源，建立医疗服务的协作机制，通过开设绿色通道积极开展社区/村级卫生室与互助养老点的基层医养结合点。基层政府要对互助养老机构进行相应的管理和支持，要积极构建服务信息平台，开展互助养老网络服务，以推动互助养老服务质量的整体提升，从而使农村互助养老事业能够得到持续、健康、有序的发展。第四，建立市级“时间储蓄”助老信息平台，社区工作人员负责记录服务信息（时间和内容），所属社会组织负责星级评定和权益兑付。“三社联动”工作机制将有助于调动社会组织作为第三方信用担保参与“时间储蓄”助老服务，为服务存兑提供重要保障。

第四节　加快健全医养康养相结合的养老服务体系

一、完善医养康养相结合顶层制度设计

第一，完善医养康养相结合配套政策体系。在落实国家政策的基础上，认真梳理并修订、完善符合各地实际的医养康养相结合政策法规，使各项政策在纵向上相连贯、横向上相协调。同时，增强政策的针对性和可操作性，出台针对不同医养康养相结合模式的管理条例、服务

规范、实施意见、发展规划、服务优惠等政策，完善医养康养相结合相关法律体系和制度框架（聂建亮，曹梦迪，吴玉锋，2021）。要制定实施医养康养相结合扶持政策，支持社会力量通过市场化运作方式或政府和社会资本合作、民办公助等方式，开办医养康养相结合机构。此外，要完善医保政策，将更多与老年人相关的医疗服务项目纳入医保范围，逐步提高报销比例和报销范围，着力解决低收入老年人健康养老问题，减轻老年人的经济负担。

第二，完善医养康养相结合质量保证体系。加快医养康养相结合标准化建设，出台针对医养康养相结合的具体管理制度和服务标准规范，运用行业准入、生产许可、等级评定、监督抽查等手段，促进医养康养相结合机构的标准化、规范化发展。同时，加大对医养康养相结合服务质量的检查力度，建立科学的医养康养相结合服务绩效指标体系和相关评优制度，形成激励机制，引导医养康养相结合机构提升服务质量。

第三，建立多部门有效协作的联动机制。医养康养相结合工作涉及面广、综合性强，有必要构建一体化的行政协调机制（邵德兴，2014）。应建立医养康养相结合联席会议机制，形成卫生健康部门牵头、其他部门配合、社会参与、协同联动的工作机制。卫生健康部门、民政部门以及医保部门应厘清职责范围，实现无重叠、无死角的精准化管理，确保医养康养相结合相关工作落到实处；发展改革部门要支持医养康养相结合设施建设，将其纳入经济社会发展规划；财政部门要给予医养康养相结合发展财力保障；人社、教育、城乡建设等部门应各司其职，及时解决医养康养相结合推进工作中遇到的问题，形成齐抓共管、整体推进的工作格局。

第四，建立多元化的资金保障机制。首先，形成稳定的财政投入机制，设立医养康养相结合服务建设专项资金，逐步增加财政投入。其次，建立稳定的社会筹资机制。一方面，统筹落实医养康养相结合优惠扶持政策，完善政府购买服务机制，探索公建民营、民办公助等方式，鼓励社会力量参与医养康养相结合建设；另一方面，加大对医养康养相结合的宣传力度，提高社会认知度，鼓励社会各界的慈善行为。最后，逐步完善长期护理保险制度，发挥长期护理保险的再分配功能，采取基本医保统筹基金与个人缴费相结合的筹资模式，拓宽筹资途径（李长远，张举国，2017）。

第五，规范医养康养相结合价格形成机制。完善医养康养相结合服务的价格政策，建立价格管理机制，明确医养康养相结合收费原则，合理评估成本，制定合理的医养康养相结合服务价格标准。同时，在相关部门的监督下，综合考虑地区经济发展水平、服务等级差异以及服务成本等因素，建立医养康养相结合服务价格动态调整机制（聂建亮，曹梦迪，吴玉锋，2021）。

第六，建立责任明晰的医养康养相结合监督机制。对医养康养相结合养老服务机构建筑规模、资格认证、准入退出、日常管理、运行经营等方面进行规范化监管。针对服务对象、服务项目、收费标准、管理原则、管理流程等制定统一的行业标准，设立分类齐全、系统完善的医养康养相结合养老服务业技术标准，使得老年人的合法利益在消费养老产品和服务时得到法律维护。制定医养康养相结合服务责任清单，健全跨部门协同监管机制，由卫生健康部门牵头负责医养康养相结合服务的监管，民政部门配合。加强医养康养相结合领域的社会信用体系建设，建立联合奖惩机制。采取第三方评估方式，客观评价医养康养相结合服务主体的质量和绩效，持续提升医养康养相结合服务质量。

二、建立分级分类的医养康养相结合服务体系

第一，树立“全龄健康＋连续管理”的服务理念。老年人的健康状况与个体进入老年期前全生命周期的生活习惯、行为方式、身体状况等有直接关系。依托系统论视角树立全方位、全周期保障人民健康的理念，即为全体人民提供包括预防保健、疾病诊治、康复护理、健康促进等内容的综合连续健康服务体系，并建立统一完善的全民健康信息网络，进行全生命周期的健康管理，在横向上提高全体公民的健康水平，纵向上提高个体进入老年期时的健康状况，为老年健康生活打牢基础（韩烨，沈彤，2021）。

第二，在个体层面，要增强老年人自我养老能力。为此，必须提高老年人健康水平和自理能力，提供良好的养老环境。要通过推进医养康养相结合，开展全民健康教育，促进健康知识普及和疾病预防，进而提高老年人健康水平，延长老年人自理时间，提高老年人自理能力，缩短老年人带病生存期和失能期，减少老年人对社会服务的依赖。通过代际支持、老年教育和培训等，帮助老年人掌握新技术和适应新环境，增强老年人的社会环境适应能力。

第三，发展以老年人为中心的综合性医疗、照护与环境公共卫生服务体系。为老年人提供生命历程中所需的各项健康支持，最终不仅可以改善老年人的身体健康，也可以促进老年人的能力发挥。通过医疗、照护与环境相结合的公共卫生服务体系建设，应达到满足老年人的多层次健康需求、保障老年人的长期照护权利和建设老年友好社会三重政策目标（杜鹏，董亭月，2015）。

第四，建立多层次、“互联网＋”、可流动的医养康养相结合服务体

系。基于医疗保险、长期护理保险和养老保险的财源支撑，全面深化医养康养相结合领域的供给侧结构性改革，实现互联网、大数据、人工智能、金融保险创新和医养康养相结合的深度融合。例如，鼓励“互联网+医养康养相结合”有利于打破医养康养相结合空间限制，借助大数据和人工智能开发智慧平台有利于提高医养康养相结合效率，通过商业保险产品的创新设计有利于增强医养康养相结合保障力度，从而发展好兜底式、普惠式和高端化等多层次医养康养相结合供给，实现失能半失能老人或健康老人、低收入老人或高收入老人等各类群体的医养康养相结合需求，通过家庭、市场、政府等多元主体的相互配合，构建起居家为基础、社区为依托、机构为补充的多层次医养康养相结合模式。融入大健康思维，跨越居家、社区、机构界限，在健康中国战略的纵深发展中，不断强化以康养结合为主要特征的预防性健康管理理念（原新，金牛，2021）。

第五，依据健康评估结果提供医养康养相结合服务。由民政、卫生健康、医保等部门组建评估机构，形成一套健康评估系统和方法，依据评估结果确定服务类别、项目、内容和服务机构。活力老人、半失能老人和生活能自理但患有慢性病的老人在社区驿站和养老院接受的服务以生活照料为主，疾病预防保健、健康管理、康复等医疗卫生服务则依靠社区卫生服务中心或医务室提供。急性病和慢性病急性发作期的老人，由二级医院以上的医疗机构建立绿色转诊通道对其进行诊治，在基本治愈后将其转至养老机构享受照料与医护服务。对患有易复发恶性疾病、大病初愈与癌症晚期的老人，对其给予专业性强、中长期的医疗护理，并提供生活照料、精神慰藉等常规性服务和康复保健、临终关怀等医疗服务。

三、着力推进医疗与养老服务机构的合作

医养康养相结合的关键点就在于融合，要将医疗保健与养老服务相结合，使老年人在养老的同时能享受一定的预防保健、医疗康护服务。面对当前医疗机构与养老机构之间尚未形成深度合作的情况，应从两方面进行改进：首先，政府应该积极探索医养康养相结合的模式，针对本市的具体情况来选择合适的医养康养相结合的模式。例如，政府可以推进医疗卫生与社区居家养老服务相结合，实现"互联网＋"医养康养相结合服务，依托卫生健康部门医疗卫生服务网络，与有需要的老年人签订家庭医生服务关系，对老年人基本信息进行整合，从而为老年人提供健康管理服务，实现养老和医疗信息资源共享。其次，政府可以鼓励公立医疗卫生机构在完成自身医疗工作的前提下，与养老机构签订合作协议，养老机构与医疗机构开通双向转诊绿色通道，满足老年人更多的服务需求。

四、加强医养康养相结合专业人员培养

养老服务专业护理人员是开展医养康养相结合养老服务模式的重要资源，直接关系到老年人能否拥有专业的服务，因此，加强专业护理人员的培养是关键。第一，要系统培养专业护理人员。首先，政府部门应该积极引导和鼓励医科院校和中等职业学校开设老年护理和服务的相关课程，在招生上给予一定的支持，鼓励大中专毕业生从事养老服务，落实减免学费、补助学费等资助政策，着力培养一大批与医养康养相结合养老服务专业对口的人才。其次，要落实医养康养相结合养老

服务人员、护理人员的岗前培训、在岗培训以及定期培训，加强相关人员的理论和实践知识的学习，内容可包括医疗卫生、家庭护理、养老护理等，提高在职人员的服务技术和水平。第二，建立养老护理专业职称考核评定机制，对医疗护理人员绩效和服务进行定期考核，这样可以有效提高相关人员的积极性和工作效率，提高养老服务行业人才的凝聚力，形成专业的护理队伍。

五、成立国家健康照护管理委员会

19 世纪初期，瑞典建立了国家健康照护管理委员会，目的是为家庭、养老机构以及老年人护理院提供高质量的服务。我国应由卫生健康部门、民政部门、医保部门等部门牵头，联合成立国家健康照护管理委员会，由政府分管领导直管，卫生健康部门、医保部门、民政部门等部门主要负责人作为医养康养相结合健康照护管理委员会的主要成员。同时，应明确医养康养相结合健康照护管理委员会的主要任务是针对医养康养相结合养老领域，加强各部门的横向联系，明确各部门职责，使各部门权责分工明确。

第五节　多渠道解决养老服务资金问题

资金是养老服务的物质基础。养老服务体系的建设和运营需要资金投入，养老服务消费也需要资金支付。养老服务体系的建设和运营所需资金需多方筹措，多途径解决，厘清政府、市场、家庭在养老服务体系建设中的责任，发挥政府的主导作用，引导市场、社会、家庭、共同参与、各尽其责。应充分发挥市场机制的基础性作用，通过用地保障、信贷支持、补助贴息、以奖代补和政府采购等多种形式，积极引导和鼓励企业、公益慈善组织及其他社会力量加大对居家和社区养老服务的投入和护理型养老床位的投入。各级政府应切实履行基本公共服务职能，强化在养老服务体系建设中的支出责任，安排财政性专项资金，支持公益性养老服务设施建设。民政部本级福利彩票公益金及地方各级彩票公益金要增加资金投入，优先保障养老服务体系建设（张瑾，2018）。老年群体则要通过多渠道提前做好养老的资金储备。

一、统筹优化财政资金投入结构

将养老服务明确为省级事权，省级人民政府负责制定本区域内养老服务体系建设发展规划，安排财政资金投入，统筹协调本区域内养老服务体系的均衡发展。中央政府在全国层面统筹协调，为省级政府提供资金支持，同时适度加大支持力度。县市级政府负责养老服务体系建设的落实，并提供一定的配套资金，允许财政困难地区的县市按照规定免于配套。加强对经济欠发达地区养老服务的资金支持和统筹规划。加大政府财政投入，利用现有土地和空置的学校、政府办公场所等闲置资源，通过改建、扩建、置换等方法，在欠发达地区增设敬老院。

对养老服务机构建设补贴的核定方式进行调整，重点补贴社区养老服务机构和服务失能失智群体的养老机构，变单纯按床位数核定为按机构类型给予定额补贴，重点向解决重点困难人群养老问题的公益性机构和医护型机构倾斜。中央财政对不同区域养老领域投资分配方案进行调整，在继续考虑东中西部地区差异性的基础上，结合地区老年人口规模、养老机构床位缺口和地方财力状况等因素，提高中央财政投资分配的合理性和瞄准度，缓解城乡、地区间养老服务设施配置不平衡的矛盾。

二、改进中央财政资金使用方式

在我国当下的养老服务体系建设中，各级财政没有专项资金投入，仅有少量福利彩票公益金和预算内补助资金投入，今后应在中央和省级层面建立养老服务体系建设专项资金，增强上级对下级的引导和扶持作用。建立与人均GDP、人均财政收入额等指标挂钩的养老服务体系建设财政投资水平的约束性指标，确保财政性资金对公益性养老服务的主要支撑作用。

目前养老设施预算内基建投资来源为中央财政和地方财政的比例在1∶2左右。应引导省级政府适当加大对养老服务设施建设的财政投入。对中央财政资金的使用方式也应进行一定调整：一是考虑区域经济发展和财力差距，对财力较为薄弱的部分经济欠发达地区养老服务设施建设继续实施补贴政策。二是加大“以奖代补”政策力度，对地方政府加大养老服务设施建设投入、创新吸引社会资本的政策措施等形成激励，结合地方养老服务设施建设任务完成情况，以中央财政资金发放奖励，继续用于养老服务设施建设。三是探索以中央财政资金发起设立养老服务产业发展引导基金，参股设立地方性养老服务产业投资基金，社会资本投资建设的养老服务设施财政资金使用方式；通过这种创新的财政资金使用方式，引入市场化运作模式，实现资金滚动使用，提高资金运用效率。

三、增强财政资金的投入精准性

以全面保障和精准配需为原则，改变养老服务中政策和资源分配向机构养老倾斜的失调格局，加大对居家和社区养老服务建设的政策优惠和财政支持，实现居家、社区、机构三种养老服务融合发展。对于财政资金，应适度降低固定资产直接投资比例，增加购买养老服务支出比例，提高资金使用效果；加强对老旧小区适老化改造，对小微型社区居家养老服务设施提供消防设施改造补贴和租金补贴，支持建立养老机构责任保险和老年人意外伤害保险，对养老服务机构技术人员、护理人员给予岗位补贴，增加对养老服务人员的培训补贴，增加以奖代补的比例，把财政资金用在“刀刃”上，发挥其对社会养老服务投资的引领作用。

四、吸引社会力量加大投资力度

深化养老服务“放管服”改革，让更多的市场主体进入养老服务行业。放宽养老服务产业的准入规则和服务领域，颁布公平竞争的养老服务市场规则，创造公平竞争环境，引导社会资本投资养老服务产业，推动养老服务产业快速发展。结合实际情况，协调各部门工作，将已有优惠政策标准化和规范化，形成有效的激励机制，切实落实养老服务业发展的税收、收费、土地、融资等政策。完善财政补贴政策，补贴对象和补贴标准不以提供服务主体的属性和类别作区别对待，而是以提供服务的内容和服务对象的类别为依据，对公办机构和民办机构一视同仁。以高效规范的营商环境、公平竞争的市场规则激发养老服务企业创新技术、开发产品、提高质量、降低成本、优化价格的内在动力。各养老服务企业间实现信息共享，在合作发展中相互影响、相互促进，逐步形成低、中、高端的养老服务产业体系。

完善政府购买养老服务的目录和办法，通过政府确定符合条件的服务主体，老年人及其家属在政府确定的范围内自主选择服务主体，根据老年人及其家属的选择，通过政府向服务主体购买服务的方式，由政府购买社区助老服务和养老机构服务。为鼓励社会组织的连锁化、品牌化发展，政府可延长购买服务的时间，酌情采取多种购买服务的方式。

政府应把更多的财力物力投向贴近老年人家庭的社区化养老服务设施，并鼓励探索租赁式、连锁式等社区养老服务设施的新型运营方式和服务提供方式；应对民营资本投资居家和社区养老服务给予鼓励政策，将高端消费群体的养老服务交由民营资本投资；还应保障养老用地政策落实，盘活大量的央企培训中心、度假村等闲置的资源，面向市场转型为养老服务机构。

五、规范公私合作项目投资过程

对于公益性养老服务设施，应主要依靠政府投资，政府发挥托底保障职能；对于中高端养老服务项目，政府应通过政策规范和引导民间资本完全依照市场规则运作；对占据主导地位的准公益性养老服务设施的建设和运营，应以吸引民间投资为主，政府可通过放宽养老服务土地供应、加大金融对养老服务的支持力度、实行最大限度的税费优惠等途径给予政策和资金支持，通过与民间资本的多种公私合作方式，提高服务供给能力与效率。

完善选择公私合作项目模式的决策机制与方法，明确民办公助养老机构的服务对象和范围、资助条件、资助方式、资助标准及用途等。根据不同养老服务项目的投资回报实现情况，科学确定政府对项目的资金支持规模，建立合理的项目补偿机制和风险分担机制。

鼓励地方探索多种财政资金支持途径，完善政府产业引导基金的运作模式和运作环境，以政府引导基金带动企业产业投资基金投资于养老服务行业，发挥财政资金的杠杆扩大效应。

六、完善养老服务费用支付体系

老龄人口的支付能力是增加养老服务有效需求和发展养老服务有效供给的前提与基础。政府可以通过建立和完善养老保险、医疗保险、长期护理保险、健康管理、就业保障、理财计划、住房保障等措施，改善老龄人口的资产结构，提高老龄人口的养老服务购买力。

（一）多途径筹集养老储备资金

第一，优化国民收入分配体系。统筹协调政府、企业、居民之间的收入分配格局，通盘考虑一次分配的工资政策效用和二次分配的福利政策效用，减免和延期征缴养老金税。坚持以人为本、尊重人的生命周期，拓宽居民增收渠道，全面增强居民应对人口老龄化的收入保障。划转部分国有资本充实社保基金，尽快推行职工基本养老保险全国统筹。在公共管理领域，大力推动健康管理、提升全民就业技能、提升职工收入、控制首住房售价、控制医疗费用，让劳动人口早日进入不负债、有积累的财富自由拐点，尽早积累养老资产。支持商业保险机构开发商业养老保险和适合老年人的健康保险，引导全社会树立全生命周期的保险理念。支持老年人住房反向抵押养老保险业务发展。

第二，建立多层次养老保障体系。养老金解决的是基本生活费开支问题，除了要进一步提高养老金的水平，还要建立多层次的养老保障体系，为养老提供更多的资金来源。实施渐进式延迟法定退休年龄，落实基本养老金合理调整机制，适时适度调整城乡居民基础养老金标准。大力发展企业年金、职业年金，提高企业年金覆盖率，促进和规范发展第三支柱养老保险，推动个人养老金发展。委托一些合格市场机构对个人养老金和职业年金进行投资运营，实现保值增值，增加个人未来的养老储备，提升购买养老服务的能力。鼓励活力老人创业就业增加收入，通过互助养老减少服务支出等多渠道提升个人未来退休以后的养老水平。

（二）建立长期护理保险资金保障制度

随着人口老龄化的加剧，老年人失能风险增大及老年人对长期护理需求的日益攀升，建立覆盖全民的长期护理保障制度解决失能老人的护理及费用开支问题势在必行。国家医疗保障局应尽快对全国28个城市试点进行评估，总结成败得失，出台全国统一的长期护理制度政策，明确长期保险制度的建制原则与基本框架，并对参保范围、资金筹集、待遇给付、经办管理、护理需求评估、护理服务标准等做出明确规范，促使这一制度健康、可持续发展。

（三）建立多元化养老服务供给体系

厘清家庭、个人与政府、社会应承担的养老服务责任，根据老年人的经济状况和身体状况建立费用分担机制不同的多元化养老服务供给体系。

第一，对于经济困难的失能、半失能老年人和有特殊困难的自理老年人，如“三无”“五保”老年人等，由政府向市场或非营利组织购买养老服务，向其无偿提供兜底型养老服务。

第二，有一定经济支付能力但支付能力明显不足的失能、半失能老年人和有特殊困难的自理老年人，自主向非营利组织或养老服务企业购买养老服务，政府通过部分补贴的方式，向低收入群体低价提供非营利性养老服务。

第三，对于从工薪阶层退休的老年人，由公办民营或者民办养老服务机构（政府提供税收费、土地等优惠政策）提供价格比较低廉的、服务质量较好的、适合工薪阶层的普惠型养老服务。

第四，对于收入较高的老年人，可以通过开发一些高端养老产业，通过市场来满足其高端养老需求。

第六节　加强养老服务体系人才队伍建设

为积极应对人口老龄化，实现养老服务人才培养的专业化，需要根据目前多样化的养老服务需求，结合养老服务产业自身的发展规律，从实际出发，以职业培训和高职院校专业培养为重点，加快推进专业养老服务人才培养体系建设，尽快实现年度培训养老专业人才达到百万，并争取达到在几年内基本满足养老服务需求的目标。为了使人才培养与市场需求有效对接，需要改革传统的人才培养模式，促使政府、高职院校、研究机构、社会组织、社区和企业等用人单位发挥各自独特的优势，联合培养社会所需的养老服务人才。

一、政府:强化政策支持,加大资金保障

(一)教育部门

教育部门应主要在养老服务专业设置和招生政策方面给予支持。

其一,引导和鼓励普通高校和职业院校增设与养老服务相关的专业并扩大招生范围。比如,职业院校增设老年服务与管理、社会工作、健康管理、康复治疗技术、康复辅助器具应用等养老服务相关专业;普通高校设置康复治疗学、护理学、应用心理学、老年服务与管理和老年社会工作等本科专业;鼓励和支持有条件的高校在社会学、老年学、人口学、康复治疗学、家庭发展等学科领域招收培养研究生,适当增加社会工作等专业的硕士学位授权点数量。

其二,出台优惠政策吸引和扩大生源,可参照"免费师范生"模式,对就读养老服务相关专业的大学生给予降分录取、学费减免、奖学金(助学金)优先评定等优惠政策。

(二)财政部门

财政部门应主要通过政府购买和财政补贴的措施支持养老服务人才的培养。

其一,政府通过向普通高等院校、职业院校、培训机构等购买养老服务培训,为养老从业人员提供多层级的培训,如对社会组织、社区、养老服务机构中的人员进行养老服务的政策法规、专业知识、项目运作、业务技能等方面的培训。

其二,建立与办学规模和培养要求相适应的财政投入与保障制度,增加养老服务人才的职业教育专项经费,完善培训机构贴息贷款、融资机制,对职业培训教材研发、专业技能比武等基础工作予以财政支持。

此外，通过税费减免等优惠政策吸引社会资本，兴办各类养老人才教育培训机构。

其三，依托高校、职业院校和养老机构，建设养老服务实习实训基地，对实习实训基地的建设、运营进行补贴，对学生或在职人员参加培训或相关资格考试，以及毕业生在相关领域求职给予一定的补贴。

其四，要建立专项发展基金，关注养老服务人才个人能力成长，从立法、政策、财政、管理等方面推动养老服务人才全面发展。

（三）人社部门

人力资源与社会保障部门应主要在入职补贴、职业技能补贴及薪酬等方面制定支持政策。

第一，实行入职奖励补贴制度。对普通高等院校、职业院校的毕业生从事养老服务相关岗位的且入职达到一定年限的，给予一次性奖励。

第二，完善养老从业人员职业技能培训补贴制度。将养老从业人员职业技能培训纳入就业培训计划，对符合培训补贴条件且经培训合格的，以及取得国家职业资格证书或专项能力证书的，进行培训补贴或职业技能鉴定补贴。建立养老从业人员在职培训误工补贴，促进在职人员参加培训。

第三，建立最低工资标准，提高工资福利待遇。目前养老服务工作存在社会认可度低、员工满意度低、离职率高的问题，可以通过提高工资指导价，实施特殊岗位津贴，开展职业技能竞赛或优秀养老人员评比等措施，调动养老从业人员的工作积极性。

第四，推行养老服务双证书制度。要加强对养老专业人才鉴定管理，加快建立养老从业人员资格鉴定制度与考核制度。专业相关课程的考试考核与职业技能鉴定统筹进行，推动职业院校学生在取得毕业证书的同时，获得相关职业资格证书。对于已取得养老服务相关职业资格证书且符合条件的从业人员，可由职业院校按相关规定择优免试录取，经考核合格后可获取相应学历证书。

第五，出台人才激励保障计划。由人社部门设计与养老专业人才劳动付出相符的薪酬保障体系，兼顾学历、业绩、贡献、能力等各个要素；对取得执业资格证书的人员实行持证上岗和等级待遇挂钩制度；完善各类保险和津贴补助，切实提高养老服务人才的工作待遇和社会地位，提高从业人员的职业成就感，让全社会认同养老服务工作，进而吸引更多优秀人才进入养老服务行业，稳定人才队伍；对长期从事老年事业的从业人员制定奖励机制。

（四）民政部门

民政部门应主要负责制订人才培养中长期规划及服务标准等。

第一，科学制订人才培养中长期规划。人才培养规划决定着人才培养的方向，应基于对现实的调查和对未来的预测，制订养老服务人才培养的中长期规划。首先，应立足于我国国情，结合多元化的市场需求、我国经济社会的发展特点、老年人口的规模和结构，并和服务设施建设、社会保障体系建设、促进就业体系等相适应，制定我国养老人才队伍培养中长期发展规划。其次，制订人才培养规划，需要高职院校、培训机构等全面了解和掌握用人单位对养老服务人才的需求情况，可以采用座谈会、问卷调查等方法对用人单位的需求进行调研。同时，可以采用专家咨询法、文献查阅法等方法对养老人才的未来需求趋势进行预测。

第二，推进养老服务业简政放权、放管结合、优化服务改革。如降低创业准入的制度性成本，营造公平规范的发展环境，培育和打造一批品牌化、连锁化、规模化的养老服务企业和社会组织以吸纳养老服务专业人员；将养老从业人员的在职培训纳入各类养老服务星级评定范围，推动养老培训组织与养老服务机构长期合作，进而形成长期定向、专岗培训；制定养老服务服务标准，提升养老服务质量；鼓励用人单位细化养老服务人才专业等级考核定级制度，形成专业等级与待遇挂钩的激励机制。

二、院校：提升专业教育水平，扩大招生规模

普通高等院校和职业院校是培养养老服务人才的核心主体，养老产业是一项新兴产业和朝阳产业，针对养老人才供给不足的问题，高校需要充分发挥现有教育资源优势，与多元主体合作，联合培养养老服务人才。

（一）开设相关专业

高校应与用人单位通力合作，对养老服务机构、社区、社会组织的用人需求以及任职要求进行调查，并对未来的需求走向进行预测，根据市场需求开设养老服务相关学科和专业，包括老年服务与管理、医疗护理、心理咨询、康复理疗、营养与膳食、按摩保健、老年常见病与突发疾病处理、老年社会工作等专业。[①] 健全专业设置随产业发展动态调整的机制，通过培育专业学位研究生的方式逐步培养产学结合的综合型养老产业管理人才（臧少敏，2018）。通过免除学费等方式鼓励学生报考养老服务与管理专业，扩大招生规模。

（二）加强教师职业培训

教师是养老服务知识的传授者、行为的示范者、人才的培养者，良

---

① 高秋萍，韩振燕，曹永.开放大学开展养老服务人才培养的优势、挑战与路径[J].中国成人教育，2021(1)：20-24.

好的师资水平是培养养老服务人才的关键。对于教师，要加强在职培训以提升其教学、科研和实践能力。一方面，通过选派优秀骨干教师到我国发达城市的相关单位以及发达国家和地区，学习先进的养老服务理念、技术和经验；另一方面，学校与专业培训机构、人社部门、民政部门等合作开展培训，聘请具有较高理论水平和丰富实践经验的专家授课。

（三）建设实习实训基地

高校应与养老服务机构、社区、培训机构、社会组织等合作，建设实习实训基地，为养老服务相关专业的师生提供实践平台。借鉴日本及德国双元制的职业教育等国际经验，通过合理化课程结构和学时比例，增加专业实践教学，着重培养养老服务人才的职业能力，实现规范性教学。同时，强化职业道德培训，引导养老服务人才树立牢固的理念和专业价值观。

（四）建立人才输送合作机制

高校需要加强与社区、社会组织、养老服务机构等用人单位的联系，加强就业咨询和就业指导，建立就业信息平台，将所培养的人才输送到相关组织，实现人才供给和需求的匹配。

三、用人单位：搭建实践平台，实施激励措施

养老服务机构、社区、社会组织等用人单位在人才培养中也具有重要作用。

（一）培养实践性人才

用人单位根据其工作实际情况发布养老服务人才需求信息、各类岗位的任职要求或用人标准，并将信息反馈给高职院校、培训机构等培

养单位，为其课程设置、教学模式改革、师资队伍建设等提供参考。同时，用人单位也发挥着人才培训以及与培训机构、高校等联合培养人才的功能。在组织内部，开展学徒制、集中培训、远程培训、在线培训等方式等经常性培训加快提升在岗养老从业人员的技能水平；在组织外部，通过与培训机构、高校共建实习实训基地，和校内导师联合培养学生，提升学生理论运用于实践的能力，并吸纳毕业生就业。

（二）实施激励措施

用人单位除了培养人才，还需要采取薪酬、晋升等激励措施留住人才。一方面，为了留住人才，用人单位需要对薪酬结构和薪酬水平进行调整，实现薪酬外部公平、内部公平和个人公平。外部公平是指与本地区同类的服务行业相比，本单位的薪酬水平具有竞争力，目的是防止人才流失。例如，为了激励养老服务社会工作者和社区工作者，北京、上海、广州、深圳等城市发布了相关政策文件，确保社会工作者和社区工作者的薪酬具有竞争力，这对养老服务人才的薪酬设计具有借鉴作用。内部公平是指不同部门不同岗位的薪酬结构合理，充分考虑不同类别、不同层次的岗位价值差异。个人公平是指薪酬与养老服务人员的绩效挂钩，认可员工的贡献。通过公平的薪酬待遇，提高养老从业人员的职业满意度，降低离职率。另一方面，可通过打通晋升通道来留住人才。大部分社会工作者、养老护理员离职的重要原因之一是感觉从事养老服务没有晋升机会，职业发展空间小。为此，用人单位需要完善管理机制，提供技术和管理双通道的晋升渠道。通过设立相关考核指标，使员工在组织中能够凭借自身的工作技能获得职级上的提升，并获得相应的薪酬增长；将具有管理潜能的养老从业人员提拔到管理岗位上去，使其通过管理晋升渠道获得职业发展。

第七节　建设老年宜居友好环境

《国家积极应对人口老龄化中长期规划》明确提出"建设老年友好型社会"，将社会环境宜居友好作为积极应对人口老龄化的战略目标。2021年颁布的《中华人民共和国国民经济和社会发展第十四个五年规划和2035年远景目标纲要》中的有关积极应对人口老龄化的部分强调："推进公共设施适老化改造，支持特殊困难家庭适老化改造"。在我国老龄化形势日益严峻的背景下，建设老年宜居友好环境设施对积极应对人口老龄化和提高老年人生活质量的意义重大。在老年宜居友好环境建设中，应注意对新的基础设施做好前瞻性的适老化设计，对旧的基础设施做好全面适老化改造。

一、适老化改造及新设施建设需贯彻适老新理念

环境设施建设及适老化改造需贯彻新适老理念。老旧小区适老化改造和新建环境设施不仅要考虑老年人的需求，还应体现年龄包容性和全龄友好性。老旧小区改造是一个系统工程，应统筹考虑所有年龄、所有功能状况群体的需求特点，既要立足老年人的需求，又要充分考虑其他群体的需求。统一规划、同步建设养老、托幼、教育等各类公共服务设施，建设年龄复合型、通用型设施，满足个体从自立到终老的生活，囊括生活能够自理以及需要照顾的所有人群，提高全龄居民生活的便利性，形成多世代融合的社区。此外，充分利用社区的存量房产、设施，依据集约建设的原则，促进社区资源的有效利用和交流（曲嘉瑶，2021）。

以规划带动适老环境建设工作的全面开展，结合新农村和新型城镇化建设的进程，加快整体规划以及公共设施等专项规划。建立适合老年人需求的社会软硬环境，促进老年人与其他年龄层的共融发展。持续推进农村居家、社区、养老机构的适老化改造，改造空间应从家庭延伸到公共设施。切实保障老年人的生活需求，从居家适老化的建筑硬件改造、家居家装改造、康复辅具适配、智能居家产品，到公共区域的加装电梯、楼道地面防滑、出入口无障碍改造、加装安全助力扶手，再到社区适老化改造的车辆分流改造、加设休息座椅、夜间照明及康乐设施等，城市和农村应根据自身特点和需求响应进行这些适老化改造。

二、构建组织协调机制和适老化改造政策支撑体系

（一）加快建立组织协调机制

以国家卫生健康委为指导总体适老环境建设的宏观调控部门，联合国家发改委、民政部、住建部、财政部、税务总局、人社部、市场监管总局、交通运输部等多部门成立联合工作组，建立适老环境建设交流平台及配套沟通机制，并形成密切配合、应对有力、合力实施的长效工作机制。

（二）构建适老化改造政策支撑体系

推动卫健委、发改委、民政部、住建部、财政部、人社部、市场监管局、税务局、消防部门等方面的政策协同，形成老旧小区适老化改造的政策支撑体系。

一是加快政策更新，在编制公共服务规划、社区服务设施规划中增加适老性项目的内容和指标，在新建小区住房设计和建设中融入适老化元素。

二是研究制定适老化改造行政管理政策，制订适老化项目计划，出台审批流程及相关要求的管理细则，制定老旧小区适老化改造规划报建、用地、消防安全等管理细则，规范适老化改造项目的行政许可和产权登记制度（张齐超，2021）。

三是完善多元主体参与机制。老旧小区改造需要政府、企业、居民等多元主体的协作参与，政府部门应完善相关激励政策，引导市场、公众积极参与，推进老旧小区适老化改造。一方面是补贴老年人（即需求方），探索建立围绕适老化改造的老年人住房保障政策，通过改造补贴的形式，减轻老年人适老化改造的资金负担；另一方面是补贴供给方，激发市场积极性，将从事适老化评估、设计和施工的适老化改造企业认定为为老服务企业，给予政策支持、财政补贴和税负减免，培育适老化改造市场（张齐超，2021）。

四是出台激励适老化产品开发的优惠政策，推动整个适老化改造行业发展。老年人所需要的不仅仅是住宅的适老化设计和改造，还包括医疗、娱乐、运动等生活各方面的适老化产品，因此政府应有意识地推动整个适老化改造行业发展。随着各种适老化产品的研发和应用，老旧小区住宅和社区环境的适老化改造的内容和方向会更加成熟。

三、推动适老环境法制化与强制化建设

适老化标准和规范的出台对于老旧小区适老化改造的规范发展具有非常重要的意义。应加快适老环境建设法制化，构建强制性适老化改造和适老环境建设规范和标准体系。

加强建筑设计及其室外环境适老化审查力度。组建建筑物适老化

办公室，实施严格的建筑设计方案适老化审批和项目评估，建立适老化审批不合格修改办法和再评估机制，对于审批不合格、修改后再评估仍不合格的单位，禁止其办理建设工程规划许可证、建筑工程施工许可证和商品房预售许可证。

第八节　加强机构组织协调，合力推进养老服务体系建设

一、实现养老服务信息共享

要建立养老服务体系的协同机制，首先必须建立养老服务相关信息的政府部门共享、政府与社会共享机制。信息对称、沟通畅通是养老服务政策制定和落实的必要条件。部门之间的协同机制只有在信息完整、无障碍沟通的基础上才有可能真正形成。统一的养老服务信息平台不仅是老年人获得信息的“统一门户”，也是养老服务行业管理的“统一入口”，同时为政府决策提供了“统一数据库”，也为养老服务部门间协调提供了技术支持和条件。创建养老服务基础数据平台，应以大数据为核心，政府统一策划，引入企业开发完成相关系统软件，发展以政府为主导，引入企业和多方社会力量参与的信息建设体制（张瑾，2018）。

二、建立“整合照护”体系

“整合照护”作为应对人口老龄化挑战的对策，是对传统养老服务供给模式的深度改革，是近年来英美日等国在养老服务领域努力推行的政策理念。在我国养老服务体系建设中，应该把建立社区整合照护体系作为今后改革的一个主要方向，以促进不同部门的养老服务资源实现更好的衔接，进而保障服务的完整性和连续性，并促进资源优化配置，提高使用效率。世界卫生组织于 2017 年发布了以社区为基础，与老年人长期照护体系相协调的老年人整合照料的指南。从其整合功能来看，“整合照护”可以分为以下三类：第一类是“功能性整合”，是指协调关键部门的行动，如资金管理、人力资源、政策规划、信息管理和质量提高等；第二类是“组织性整合”，是指在照护机构之间创建工作网络、联合、联系或策略性联盟；第三类是“专业性整合”，是指在各种组织之内或之间的照料专家间进行协同工作、联系或策略性联合。

可见，“整合照护”在于整合不同的照护资源，使处于碎片化照料中的个体达到健康水平和社会照料的理想化水平，是一种“复合性介入”，它力求支持整合照护的管理和组织化过程在诸多层次同时发生作用，逐渐形成以地域为单位，家庭、社区、医院、养老机构协同养老的社区整合照护体系。

三、设立养老服务资源整合协同职能部门

应设立一个专职部门从事养老服务发展规划和政策制定，落实养老服务部门间的协调与资源整合，并履行政策落实与监管的职能（张

瑾，2018），真正实现养老服务资源整合的协同机制。以养老服务体系较为完善的美国为例，该国在国家层面成立了联邦老年事务管理部，在州层面成立了地区老年事务署。作为独立从事老龄事业发展的职能部门，联邦老年事务管理部直接向助理国务卿汇报，针对养老服务规划直接与其他联邦机构和服务主体协同工作，管理专项财政拨款，使得资源整合和部门协调的效率较高。

第七章 调研报告：福州市社区居家养老服务精准化供给研究

社区居家养老服务，也称为居家社区养老服务，是相对于机构养老服务的一种社会服务方式。其包含两个层面的含义：一是从服务发生的地点看，是在社区内为老年人提供的服务；二是从服务对象来看，是以社区为平台为居家养老的老年人提供服务。这两个含义融合了在实践中越来越难以区分的社区养老服务和居家养老服务（王震，2018）。随着福州市老龄化、少子化、城镇化趋势的形成以及人口流动和家庭结构的变化，福州市老人对居家社区养老服务的需求快速增加。社区居家养老服务因迎合我国在家养老的传统文化和养老习惯而广受老年人欢迎和接受，也因而成为我国积极应对人口老龄化的战略选择和解决养老问题的重要举措。从 2008 年至今，中共福州市委、福州市政府高度重视居家养老，大力推进福州市社区居家养老服务的全面发展，弥补家庭养老不足，提升老年人的获得感和幸福感。但随着少子化、老龄化日益严重以及老年人的需求日益多样化、个性化，社区居家养老服务在推进过程中遇到诸多问题。笔者于 2017 年至 2020 年主持福州市哲学社会科学规划项目——“福州市社区居家养老服务精准化供给研究”。课题组在福州市社会科学规划办及福州市老年学会的协调帮助下，对福州市仓前街道居家养老服务中心、下渡街道居家养老服务中心、安泰街道社区智慧养老服务照料中心、东大社区上古居家健康养老服务中心的养老服务组织负责人、工作人员、社区居家老年人、志愿者等进行半结构式访谈。在充分调研的基础上，由笔者作为执笔人撰写调研报告——《福州市社区居家养老服务精准化供给研究》，分析福州市社区居家养老服务的现状、存在的问题及其原因，并提出建议。

第一节　福州市居家社区养老服务现状

福州市是全国最早实施居家养老的城市之一。近年来，福州市委、市政府强化组织领导，积极应用市场手段，创新体制机制，统筹规划布局，加大资金投入，加强督促检查，使得福州市居家社区养老服务工作始终走在全省前列。

一、强化组织领导和部门协同

近年来，为补齐养老事业发展短板，福州市各县（市）区成立由政府主要领导担任组长，民政局、卫健委、发改委、财政局、医保局、规划局、国土局、建设局、人社局、市场监管局、住房保障局、教育局等相关职能部门为成员的工作领导小组，统筹加快养老服务业发展工作。将养老服务业纳入当地国民经济和社会发展规划、年度计划，列入重要议事日程，建立经费保障机制。强化部门协同，打通部门分割和行业壁垒，合力推进居家养老服务的发展。

二、出台地方政策，落实细化措施

从2008年至今，为认真贯彻落实国务院和福建省政府颁布的居家养老服务政策，满足老年人对美好生活的需求，福州市政府陆续出台了一系列有关居家社区养老工作的指导性文件，如《福州市人民政府关于开展居家养老服务工作的意见》《福州市人民政府关于推进居家养老服务工作的实施意见》《福州市人民政府关于加快发展养老服务业的实施意见》《福州市人民政府办公厅关于印发福州市"十三五"社区居家养老服务补短板实施方案的通知》《福州市人民政府办公厅关于加快推进城乡社区居家养老专业化服务的通知》《福州市人民政府办公厅关于进一步推进居家社区养老服务照料中心建设工作的意见》《福州市老龄事业发展和养老体系建设"十三五"规划》《福州市人民政府办公厅关于印发福州市加快推进养老服务发展(2020—2022年)实施方案的通知》等，从组织领导、资金保障、服务设施建设、服务内容、养老专业机构对接、专业人才培养等方面为居家养老服务提供政策保障，为福州市居家养老的全面推进保驾护航。

三、大力建设居家养老服务设施，并由专业机构承接运营

为推进福州市居家养老服务的大力发展，福州市在已有438个社区居家养老服务中心(站)的基础上，自2017年开始，通过新建、改扩建、置换、整合盘活各类社区服务资源，大力建设社区居家养老服务照料中心。截至2020年8月份，已建成97个社区居家养老服务照料中

心,目前已建成的照料中心通过招投标等方式确定了运营主体,主要由福州市金太阳老年综合服务中心、海都公众服务股份有限公司和福建微尚信息科技有限公司等养老服务组织和养老企业运营。为激励居家养老服务水平的提高,福州市还对星级居家养老照料中心给予30万到100万不等的奖励,截至2020年8月份已有37家居家养老照料中心获得五星级居家养老照料中心荣誉称号。已建成的居家养老照料中心基本可为老年人提供家政保洁、日间照料、午间就餐、文体娱乐、陪聊助浴、陪医取药、代购代买、现场康复护理、紧急救援等多项无偿或低偿基本服务。有的照料中心已接收轻重度失能老年人,开展短期或长期的照料服务。有的照料中心如鼓楼区安泰街道社区居家养老服务照料中心还积极为老年人配置定位手环等智能设配,利用物联网、互联网等建立智慧养老平台,探索智慧养老。还有的社区居家养老服务站与福建上古健康产业发展有限公司合作,为居民开展中医康复理疗等广受居民喜爱的特色服务。

四、多元主体协同服务初见端倪

在社区居家养老服务建设初期,社区居家养老服务供给主体单一,主要依靠政府部门提供,以政府财政与福利彩票共同投资的形式开展老年服务。自2008年以来,福州市政府陆续出台了一系列有关居家社区养老工作的指导性文件,大力发展社区居家养老服务,目前已经初步形成了由政府主导,社会组织、企业、志愿者团队共同参与的多元主体协同服务模式。其中,政府在社区居家养老服务领域中处于主导地位,充当着引导和监管、购买养老服务等角色。具体而言,首先,各区政府往往通过与中标的养老服务企业或社会组织购买居家养老服务;其次,这些居家养老服务机构为所在社区老人提供专业化的服务；最后，为了保证居家养老服务的供给质量，民政部门委托第三方机构或联合第三方机构、民政局、街镇组织对提供居家养老服务的组织或机构进行定期检查和评估，以便及时发现不符合标准的居家养老服务机构并督促其整改。如鼓楼区民政局与承接政府购买居家养老服务的中标方福州市金太阳老年综合服务中心签订《鼓楼区2017—2019年政府购买居家养老服务合作协议》，协议有效期为3年(2017年8月1日至2020年7月31日)，服务期内每满一年政府均须对服务情况进行考核评估，并按考评结果支付服务费。

五、社区居家养老服务水平稳步提升

一是扩大养老服务设施覆盖面，提升养老服务水平。根据《福州市居家社区养老集成改革试点总体方案》，福州市计划用3年时间，建成功能完善、规模适度、覆盖城乡、可持续发展的福州特色"3443"养老服务模式。目前，福州市在现有基础上持续推动改革任务，重点推进城市社区嵌入式家园(农村区域性养老服务中心)、居家社区养老服务照料中心、居家养老服务站(农村幸福院)三级三类养老服务设施建设，扩大养老服务设施覆盖面，提升养老服务水平，推动养老服务高质量发展。

二是老年健康服务得到加强。首先，全市基层医疗卫生机构(社区卫生服务中心、乡镇卫生院)每年定期为65岁以上老年人提供1次健康管理服务，包括生活方式和健康状况评估、体格检查、辅助检查和健康指导。对部分80岁以上的老年人、半失能或失能老人额外提供每季度1次的免费上门服务，如巡诊、慢性病随访或一般体格检查等服务，努力提升老年人健康水平，改善老年人居家养老生活质量。

三是以开展家庭医生签约健康服务为抓手，完善、落实一系列政策措施，为提升养老服务水平添砖加瓦。自2013年起，福州市试点开展全科医生签约服务，2017年出台了《家庭医生签约服务工作实施方案》，使家庭医生成为居民健康、医疗资源与医保经费的三重“守门人”。截至2019年4月，全市签约人口197.6万，签约率30.3%，其中65岁以上老年人占比53.2%。

四是福州市内各个社区居家养老照料中心正朝着医养融合发展的方向迈进。通过增强养老机构自身诊疗硬件能力，在照料中心内配备专职医护人员等方式，指导老人开展康复和保健活动；并进一步与省、市医疗机构建立健全协作机制，为入住老年人提供急诊急救、慢性病诊疗、中医治疗保健、医疗巡诊等服务，确保老年人能够得到及时有效的医疗救治，打造集照料、医疗、康养为一体的全新老人“托管所”，使入院老年人能够小病不出门、大病及时治，为老年人打通“健康养老”的最后一公里。

五是积极探索“互联网＋”智慧养老服务平台，提升居家养老服务的供给能力和供给效率。目前，部分社区以居家养老服务机构为载体，通过智能穿戴设备，将线上老年人服务需求与线下家政服务、康复护理服务、餐饮配送服务相匹配，为老年人提供医养结合型的社区居家养老服务。

第二节　福州市社区居家养老服务存在的主要问题

在国家层面政策引导以及福州市人口老龄化形势的双重推动下，福州市出台了一系列社区居家养老服务政策，大力推进福州市社区居家养老服务的发展，为福州市社区居家养老服务提供了良好的发展机遇。同时，社区居家养老服务的推进也面临着一些问题，还需要经历一个不断完善、逐步加强的过程。

一、人口老龄化日益严重，居家养老服务供给压力日益增大

随着社会经济的发展，福州市人口老龄化日益严重。据统计，截至2009年底，福州市60周岁及以上老年人有92.87万人，占户籍总人口的14.56%，其中80周岁及以上老年人有15.04万人，占老年人口的16.19%。截至2020年3月31日，福州市60周岁以上老年人口有126万人，占全市户籍人口19%。[①] 仅10年时间，福州市老年人口增加了约33万，老年人占全市户籍人口的比例从16.19%上升到19%（李白蕾，2020）。随着人口老龄化的快速发展，高龄化、空巢化、独居化、病残化趋势不断加强。另外，随着人口流动化和家庭规模小型化的趋势增强，传统的家庭养老功能逐渐弱化。而受我国传统养老文化影响，居家养老仍将作为大部分老年人的养老选择，这必然导致社区居家养老服务需求的激增。“未富先老”“未备先老”导致的服务场所设施不足、专业养老服务人才匮乏等问题接踵而至，必然导致社区居家养老服务供给日益增大。

---

① 覃作权.福州市60岁以上老人92.87万人占总人口14.56%[EB/OL].(2010-08-06)[2020-8-15].http://news.fznews.com.cn/jsxx/2010-8-0/2010080WRDIQFV8NN215810.shtml.

二、养老需求日益多样性，但居家养老服务项目有限

随着社会经济的发展，老年人对生活质量的要求日益提高，对居家养老服务的需求也日益多样化和个性化。根据马斯洛需求层次理论，老年人的需求分为生理需求、安全需求、归属和爱需求、尊重需求、和自我实现的需求。相对应的，老年人需要生活照料、医疗护理、文化娱乐、精神慰藉、社会参与等多样性或个性化养老服务。对失能、半失能老年人而言，其照护需求更为迫切。但目前福州市大部分居家养老服务机构只是提供日间照料、配餐助餐、家政清洁、陪医取药、代购代买、文体娱乐、紧急救援、健康监测、举办健康讲座、现场中医康复理疗或签约医生每周定时到照料中心出诊等服务，而对于上门看病、上门护理、心理咨询、法律咨询等专业性较强的服务往往未能全面提供。而且目前老年人在部分照料中心的内设医疗机构就诊产生的费用才可列入医保补偿。

三、无偿或低偿的服务对象有限，居家养老服务供给不足

福州市目前仅简单地以老年人的年龄、经济状况、自理能力、家庭结构或对国家的贡献为标准，对户籍归属于本市的几类特殊老年人提供服务。具体而言，福州市目前仅针对 60 岁以上的特困供养、低保、孤寡、重点优抚、计划生育特殊家庭、重度残疾的老年人及 80 岁以上老年人，提供上门生活照料、家政服务、陪诊就医、精神慰藉等政府购买服务或 30～400 元不等的服务补贴。而对于以上 7 类特殊老年人之外的本

市户籍老年人或外埠老年人，则往往仅能到居家养老服务站或照料中心参加一些文体娱乐、低偿就餐、保健讲座等活动或有偿购买上门服务。

四、养老照料中心的设置不尽合理，服务站服务功能弱

根据《福州市人民政府办公厅关于进一步推进居家社区养老服务照料中心建设工作的意见》，目前计划在福州市区每个街道或乡镇设置1个居家社区养老服务照料中心，力图打造15分钟养老服务圈。而现实是每个街道或乡镇的地域面积不尽相同，有些街道和乡镇的地域面积大，导致部分老年人因居家社区养老服务照料中心路程远（甚至远远超过15分钟路程）且自身行动不便而放弃参与活动。而养老服务站虽都设在社区，但除个别服务站由养老专业机构经营外，大多服务站往往因场所小、无专人组织活动而沦为部分老年人打麻将的休闲场所，无法为社区老年人提供更多切实服务。

五、智能养老设备配备不足，智慧养老服务平台尚未建立

为提供更为实时、快捷、高效、低成本的养老服务，同时降低独居老年人可能存在的突发风险而引起的生命安全等危险，福州市正在积极探索“智慧养老”。目前福州市虽有多家社区养老机构探索推行“智慧养老”，但实际上这些机构往往仅是为老年人配置了智能手环、报警器或在老年人家里安装监控设备，以定位老年人或监控老年人在家的情况，再根据监控定位的情况为老年人提供急救等服务。此外，福州市对

老年人地理位置、生理指标、活动状况、活动环境等进行监控并发送监控信息给智慧养老平台的智能养老设备普及率低。而实质意义上的智慧养老则是利用智能养老设备、移动互联网、物联网、大数据、云计算、区块链等信息化技术，建立智慧养老服务平台，集老年人的养老需求信息、养老服务供给信息于一体，评估、细化养老需求，精准对接养老服务。同时，老年人或其监护人还可在养老服务平台即时评价服务，民政部门也可随时在养老服务平台动态监测服务情况，督促养老服务不断提质增效。由此可见，福州市实质意义上的智慧养老平台并未真正建立。

第三节　福州市居家社区养老服务存在问题的原因分析

一、社区居家养老服务的相关制度政策不健全

养老服务的制度政策是建立和完善社区居家养老服务的前提条件，也是推动社区居家养老服务的驱动器。国务院颁布了国家老龄事业发展的一系列规划，民政部等部委也颁布了一系列有关居家养老的政策文件。虽然这些政策文件基本覆盖了社区居家养老服务的方方面面，但这些政策文件多是原则性、宏观性的规定，往往仅规定了行为模式，却缺乏相应法律后果的罚则，因而在实践中往往仅具有指导作用。福州市针对居家养老服务，虽然也出台了一些“通知”“意见”等形式的政策文件，在一定程度上细化了国家政策，提高了国家养老服务政策的

操作性和执行力。但仍存在部分地方政策过于原则化或是单一重复化，对发展和推动福州市社区居家养老服务仅具有指导性，可操作性弱，实践性不强，约束性不够等问题。此外，福州市社区居家养老服务的相关政策中对于社区居家养老服务的标准以及评估体系、配套政策尚未涉及，可操作性较低，不能满足当前社区居家养老服务的发展和要求。

二、服务主体职能不清、关系失衡

依据公共管理理论，在居家社区养老服务中，政府的职能是“掌舵”而不是“划桨”。具体而言，政府的职能应定位在制定规划、出台政策和配套制度、营造环境、引导社会投入、规范市场、监督管理等方面，以调动社会力量的积极参与，引导社会力量共同参与养老服务。从理论上讲，社区居家养老服务的提供主体应该是独立于公权力部门的社会组织或企业等社会力量。然而既有实践表明：一方面，养老补助资金或财物的资源配置主要由政府掌控，这势必导致政府在提供居家社区养老服务中的强势地位，而社会组织或企业则被迫处于附属地位，供给主体间关系不平等。另一方面，在居家社区养老尚未充分发展的阶段，由于该类型养老方式尚未被老年人充分了解和接受，因此导致老年人购买服务的意愿不足，企业或社会组织若缺乏政府资源和政策的支持，则社区养老服务的投入与收益往往难以平衡。加之企业的营利属性和社会组织资源动员能力的不足，了解社区老人需求且能够提供专业、多样的服务的企业或社会组织难以持续发展甚至难以生存。此外，由于政府对家庭提供的“喘息服务”不足，部分家庭因为照料失能老年人而陷入风险。

三、居家社区养老服务供给与需求不匹配

（一）老龄化加剧，但家庭养老功能弱化，专业养老服务人员少

当前我国人口老龄化程度加剧，同时伴随着家庭结构的小型化、社会流动的加剧、孝文化的淡化，原来的“养儿防老”已日益无法满足老年人的养老需求。这就必然需要国家和社会力量来参与家庭养老。目前福州市主要通过向社区养老机构购买养老服务或向老年人发放爱心服务券来向居家老年人提供养老服务。如上文所述，虽然福州市已建立了为数不少的居家养老服务站、居家养老照料中心以及 1616 个农村幸福院，但通过这些养老设施向老年人提供养老服务的专业服务人员不足 2500 人。显然，不足 2500 人的专业服务人员能提供的服务相对 126 万老年人的巨大养老需求不过是杯水车薪而已，居家养老服务的压力可想而知。

（二）养老服务的专业化程度不高，供给项目难以满足需求

目前社区养老服务机构大部分的服务人员基本以“4050”下岗失业人员和外来进城务工人员为主，大多没有经过系统的业务培训，因而一般仅能为老年人开展家政服务、初级的照料服务、文体娱乐服务等服务，大多无法提供专业的医疗护理和心理咨询等服务。而老年人对上门医疗、护理等的需求却非常强烈。目前福州市 37 家五星级的居家养老照料中心虽都有配置 1 名签约医生、2 名护士，但医生往往仅在一周中的特定的时间段在照料中心开展现场医疗或中医康复服务，这导致年老且行动不便的老年人无法享受便捷的医疗服务。

（三）部分居家养老服务供给地点、服务内容与老年人身体状况或需求不匹配

近年来已投建运营的居家社区养老服务照料中心基本是每个街

道或乡镇配置一个，虽然其提供的项目较居家养老服务站提供的项目增多不少，但因养老服务照料中心的地点距离部分社区老年人居住的地方往往超过15分钟路程，导致很多老年人因为路程过远而放弃了去居家社区养老服务照料中心参加活动。而一般设在社区内的居家养老服务站则多因场所小、设备简陋、可参与的活动项目单一而难以满足大部分老年人的需求，部分社区居家养老服务中心（站）因此闲置，造成有限的养老资源的浪费。

（四）重有形服务设施建设，轻持续服务供给

当前的居家养老服务模式主要是以政府为主导的自上而下的服务供给模式及评估模式。区县的地方政府为完成市级下达的养老指标，往往把有限资金中的大部分投入到有形、可见的养老设施建设，如在社区租买场地建立社区居家养老服务中心（站）或居家社区养老服务照料中心，购置电脑、投影仪、餐桌椅、麻将桌、健身器材等养老服务设施，但后期在老年人身上持续投入的费用不多。基于资金的限制，福州市目前重点针对七类特殊老年人，提供上门生活照料、家政服务、精神慰藉、陪医就诊等政府购买服务或服务补助。

四、居家社区养老服务的社会参与程度有待提高

以养老服务投资主体为分类标准，可以将筹资渠道分为三类：一是国家财政；二是保险公司、基金公司以及信贷公司等金融类机构；三是慈善机构、企业、家庭等民间资本。目前福州市服务业投资仍以政府财政投资为主，金融机构和民间资本的投资有限。为老年人服务的社会有偿和低偿服务类、老年人公益慈善类、社会福利类的多种类、多层次的社会组织体系还处于培育发展阶段，专业化组织落地服务工作需要

进一步落实。养老服务市场、养老服务产业的良性发展环境还没有真正形成,亟待加快增量提档。同时,社会的新型养老观念尤其是有偿养老服务消费观念还有待养成。

五、政策、技术、资金等因素制约智慧养老的推进

智慧养老需借助智能养老设备,充分利用移动互联网、物联网、大数据、云计算等信息化技术,联合政府部门、养老服务企业、社会组织、老年人等养老服务的供需主体建立养老服务平台,才可实现养老服务供需的及时对接及对服务的评价监控。智慧养老涉及的部门多、需投入的资金量大、运用的技术难度大,所以智慧养老的实施往往需要政府的牵头及养老服务企业、社会组织、信息技术企业等多方的合力配合。2018 年 10 月,福州市民政局智慧健康养老服务平台可行性研究报告暨初步设计方案项目开始招标,2020 年底福州市智慧健康养老服务平台已基本建成。未来,智慧养老的推进尚需福州市政府、养老服务企业、社会组织、信息技术企业等的共同努力。

第四节　对福州市居家社区养老服务精准化供给的五点建议

一、完善社区居家养老服务制度政策

完善的社区居家养老服务制度政策是社区居家养老服务健康发展

的基础。课题组认为应完善以下法规政策，为养老服务的发展提供基本保障。

（一）尽快出台《福州市居家养老服务条例》

为促进养老服务法治化，目前《福州市居家养老服务条例》正在制定[①]。课题组认为《居家养老服务条例》应对居家社区养老服务从以下几个方面进行具体构架：第一，清晰界定老龄工作的管理体制。当前政府对各部门的社区居家养老服务职责的界定不清晰，工作缺乏统筹（陈红梅，黄石松，2016），导致各部门之间对养老工作相互推诿。明确规定社区居家养老服务的管理体制，有利于各主管部门分工负责，协调一致共同推动养老事业的发展。第二，明确老年人在居家养老服务法律关系中的权利和义务。明确老年人享有老年社会权，有获得基本的生活照顾等各项社会养老服务的权利。同时，针对老年人的个性化的养老需求，老年人也负有支付相应费用的义务，这也可为养老事业的可持续发展提供部分经费来源。第三，明确养老服务主体的权利、职责及法律责任。政府、社会组织、企业应各司其职、各尽其能、分工合作、互补优势，协力为老人提供多样化的养老服务。严格的法律责任是法律条文得以践行和真正落实的重要保证。因此，应严格规定在服务中怠于履行职责、侵害老年人权益的养老服务主体及行为人的民事责任和行政责任，触犯刑法的，应依法追究其刑事责任。第四，确立和完善居家养老服务标准和评估体系。政府是居家养老服务的引导者和监管者，完

① 《福州市居家养老服务条例》已于 2021 年 8 月 27 日经福州市第十五届人民代表大会常务委员会第三十九次会议审议通过，于 2021 年 10 月 22 日经福建省第十三届人民代表大会常务委员会第二十九次会议批准，于 2021 年 11 月 2 日公布，并自 2022 年 1 月 1 日起施行。本调研报告完成于 2020 年 8 月，彼时《福州市居家养老服务条例》正在制定，尚未出台。

善的评估体系是政府对其进行监管的重要工具。近年来国家虽已陆续出台《社区老年人日间照料中心建设标准》《社区老年人日间照料中心服务基本要求》《社区老年人日间照料中心设施设备配置》等养老服务标准,但这些标准因不够细致、操作性不强、强制力不够,难以真正落实执行。因此,应当细化、完善居家养老服务标准,对服务机构、从业人员以及老人进行评估。应首先健全相应的评估标准,其中对服务机构的评估可以采取民政部门、社区、街道以及老年人对养老服务机构进行监督反馈以及第三方评估的方式,建立科学的机构评估标准和政策依据,采用机构星级管理的模式,对养老服务机构进行级别认定,并将机构资质认定与养老服务补贴、收费基准等相关联,建立联动机制;对从业人员的评估,相关部门应当建立从业人员资格证书制度,所有人员持证上岗,并将从业人员的评估与服务机构评估相结合,形成互相督促的评估机制;对老年人的评估包括健康评估、需求评估、基本信息评估,应建立全市统一的评估标准,为老年人建立健康档案,并掌握老人的养老意愿、支付能力、居住情况等信息,为居家养老服务设计规划以及工作的顺利开展提供基础信息。

(二)建立配套性法规

为打破主要依靠政府供给养老服务的局面,应积极引导和鼓励社会力量参与养老服务。如制定福州市地方政策鼓励慈善捐助,积极创新慈善捐助方式和渠道,以税收优惠等优惠政策的形式鼓励社会团体、企事业单位以及个人向国家法定慈善机构捐款支持养老服务发展。此外,目前各种类型的养老服务模式开始兴起,而配套的政策制度则相对滞后。因此,为了规范、约束现在的养老服务市场交易流程,需要建设养老服务市场发展制度和规范,构建科学合理的养老服务产业链,合理布局,提供更为全面、多样化的养老服务。

二、健全人才培育机制，推进服务队伍建设

专业的人才队伍是社区居家养老服务发展的推动器，也是提供专业化服务的前提条件。要提高养老服务领域的人才培养意识，建立有利于调动专业人才的激励机制，扩大养老服务人才队伍规模，优化专业结构，才能从根本上提升社区居家养老服务质量[①]。

（一）提高专业人才培养意识，建立培育机制

一方面，在福州市属高等院校或职业技术学校中设置养老相关专业，借鉴北京市对养老专业领域高校毕业生就业提供政策支持的相关经验，吸引高素质专业人才选择并长期服务于老年服务行业；另一方面，加强在岗人员的职业技能培训，鼓励发展养老行业培训机构，可与高校、医院等进行合作，对在岗人员进行定期培训，确保养老服务人员能够达到职业技能要求。同时，建立职业技能资格认定、技能评级等与薪酬待遇相挂钩的制度，从而鼓励养老服务从业人员积极参与培训，为养老服务提供长效的人才保障。

（二）提升养老服务从业人员的职业地位和待遇水平

长期以来，养老服务人员社会地位不高、薪酬水平与市场发展和职业付出不符等是养老服务从业人员匮乏、流动性大的主要原因，这也是由养老服务行业性质所决定的。考虑到养老服务具有一定公益性，属于微利行业，因此，政府应健全相应的人才保障机制，建立养老领域人才发展专项资金，以岗位津贴的形式适当提高从业人员的薪酬水平，并

---

① 杜鹏，纪竞垚，安瑞霞，等.深圳市居家养老服务体系[C]//陆杰华，姚克勤，杜鹏，等.深圳人口与健康发展报告(2019).北京：社会科学文献出版社，2019：166-205.

使其在劳动保护方面获得平等待遇甚至是优待待遇。

三、精准识别服务对象和服务需求

（一）制定识别养老需求的评估标准

评估标准是准确识别服务需求和服务对象的前提条件。评估标准包括评估人员的资格、评估方法、评估对象、评估内容及评估结果分类等。评估人员应具备如医学、心理学等相应的专业知识，并经过严格的培训，才可能胜任评估工作并准确评估老年人的养老需求。评估对象主要是年满60岁以上的老年人，未满60岁但丧失劳动能力需要照护的人依申请也可列入评估对象。评估方法以上门访谈为基础，结合电话、智能设备及“互联网＋”等方式及时了解评估对象的需求变化。评估内容包括老年人的性别、年龄、身体状况、心理状况、文化程度、居住状况、家庭结构、经济状况、消费意愿、具体的养老需求及满足程度等。评估结果分类就是在掌握评估内容的基础上，按一定的标准对老年人的需求进行分层分类，以确定向老年人供给合适的服务项目。如以身体状况、家庭离养老服务机构的距离为标准，可以确定可否给需要的老年人上门还是非上门的康复护理或生活照料等服务。从老年人的消费意愿、经济状况、身体状况和补助政策来考虑，可以确定提供无偿、低偿还是有偿的服务。从老年人的心理状况、家庭结构状况出发，可以考虑是否给予老年人一些精神慰藉的服务。总而言之，可以因不同老年人的具体情况，评估出是否需要向其提供上门、非上门、有偿、低偿、无偿的生活照料、医疗护理、文化娱乐、精神慰藉、社会参与、法律咨询、家庭适老化设施改造等多样性或个性化养老服务；或可以因老年人的具体身体情况，评估是否向其提供日间照料、短期照护、长期照护等服务。

(二)为老年人建档立卡，分类服务需求，动态跟踪，并上传智慧养老服务平台

评估人员上门评估社区老年人的养老需求后，应即时通过电子化方式为老年人建档立卡，记载老年人的性别、年龄、身心状况、经济状况、居住状况、家庭结构、家庭设施安全情况、消费意愿、养老需求满足程度等基本信息。在掌握评估内容的基础上，按一定的标准对老年人的需求进行分层分类，并把需求评估结果分类上传智慧养老平台，以便与平台的养老供给资源无缝即时对接。此外，因为老年人的身心状况、经济状况、居住状况、家庭结构状况不是一成不变的，其养老需求也会相应变化，所以评估人员要定期根据老年人的具体情况变化更新老年人的信息及需求变化，及时动态调整服务供给。

四、精准供给社区居家养老服务

(一)厘清服务主体职能，合力精准提供居家养老服务

福利多元主义理论启示我们，居家社区养老需要发挥政府、家庭、居家养老服务机构、志愿者等多方共同的力量。实践也证明单靠其中一方的力量无法满足老年人日益增长的养老需要。合作是务实的选择，当然，在合作的同时，要明确各自的职能定位。具体而言，第一，政府是居家养老服务的“掌舵者”。政府应在依评估标准充分摸清老年人养老需求的基础上，对养老服务进行宏观规划、政策制定、资金投入、资源配置优化、引导投入、需求和服务评估标准制定，监管和平衡各方利益，扮演好养老服务供给的事前规划决策、事中监督、事后评估的角色。第二，家庭是居家养老服务的基础。因此应倡导孝道，鼓励子女与长者共住或定期回家看望老人，关爱照料老年人。第三，社区养老机构是居

家养老服务的专业服务提供者。社区养老机构在享受政府优惠政策和养老补助资金的同时，应招聘、培训或引进具有专业知识和管理能力的医生、护士、社会工作者、养老服务等专业的养老护理技术人才，精准提供专业性、多样性、无偿或低偿的养老服务，有效满足老年人日益增多的养老需求。第四，社区志愿者是居家养老服务的重要生力军。基于家庭养老功能的弱化及专业养老服务人员的不足，应充分挖掘志愿者这支养老服务生力军的力量。建议以“时间银行”等模式激励建立以老年人为主的老、中、青、少相结合的养老服务志愿者队伍，提供公益助老服务，尤其可以鼓励刚退休或身体硬朗的老年人积极投身力所能及的生活照料、精神慰藉等老人互助活动。这既可以发挥老年人志愿者的余热、增强其自我价值，又可解决居家养老服务人手不够的问题。

（二）以需求为导向提供匹配服务

一是以需求为导向提供多样性服务。政府、居家养老服务机构等在设计具体的服务项目时，应在根据上文提及的养老需求的评估标准评估该地方所有老年人的养老需求后，依据老年人的年龄、健康状况、经济收入状况、活动能力设计上门或非上门、免费或价格合理的、适合不同状况老人的生活照料、预防保健、文化娱乐、社会参与、精神慰藉、老年教育、法律咨询等项目。

二是进一步推进养老机构与医疗机构合作共建，对诊疗服务依法予以医保补偿。基于老年人身体机能弱化的普遍性及其对医疗康复服务的迫切需要，建议居家社区服务机构与社区卫生服务中心、社区医院等医疗机构签约合作，为老年人提供个性化预防、巡诊、健康养老宣教、慢性病管理、社区康复等基本公共医疗卫生服务。为方便老年人就医及减轻老年人负担，签约医生在社区养老机构为老年人诊疗或上门诊疗产生的医疗费用，建议医保机构尽快落实推进医保补偿。

三是打破以乡镇、街道为单位单个设置居家养老照料中心的模式，提升居家养老服务站的服务功能。应以地域面积为标准并结合服务的老年人人数在街镇内设立 1 个或多个的小规模多功能养老照料中心，尽量打造 15 分钟养老圈，方便所有老年人就近参加活动。落实居家养老服务站的配套资金，承接居家养老照料中心的社区养老服务机构应每天安排工作人员到其所在辖区内的居家养老服务站组织老年人参加娱乐活动或为老年人提供基本生活照料服务。

四是为老年人低偿或无偿配置智能养老设备，建立智慧养老服务平台。基于空巢、独居老年人比例的不断上升及养老服务人员的不足，为降低空巢、独居老年人因意外而导致的突发风险，我们有必要根据老年人的经济状况为老年人低偿或无偿配置智能养老设备。通过智能腕表、智能手环、智能床垫、烟雾探测器、燃气探测器或机器人等智能设备监测独居老年人的生命体征、活动环境情况数据并发送给智能养老平台，养老平台通过大数据技术分析异常指标数据，为老年人的高血压、冠心病、脑梗死、走失等异常情况提供监测、抢救等应急服务。

目前福州市智慧健康养老服务平台正在筹建①，为即时、高效、精准提供居家养老服务，课题组认为应充分利用互联网、物联网、大数据、区块链、云计算等信息化技术，由政府牵头建立统一的智慧健康养老服务平台。具体建议如下：第一，由政府协调组织民政部门、社区自治组织、养老服务企业、社会组织、志愿者加入养老服务平台的建设，实现养老服务信息的互联互通；第二，养老需求评估人员根据养老评估标准上门采集每个老年人的个人信息，为老年人建档立卡，科学分类服务需

---

① 本调研报告完成于 2020 年 8 月，彼时福州市智慧健康养老服务平台正在筹建，目前已初步建成并投入使用。

求，并将相关数据和信息上传智慧养老服务平台；第三，将智慧养老服务平台通过平台采集到的供给资源信息汇总形成信息数据库，并通过上门采集、借助设备智能采集或老年人网络、电话预约等方式与社区养老服务需求信息进行对接，实现即时按需派单，提供精准化服务；第四，老年人或其监护人在老年人接受服务后通过网络或手机 App 即时对养老服务进行评价，反馈服务问题，帮助养老服务机构、志愿者不断提高服务质量或增加服务项目；第五，民政部门通过养老智慧服务平台即时监测养老机构的服务情况，监测结果作为决定继续、中止或终止与社区养老服务机构的合作或全额、减额向社区养老服务机构支付费用的重要依据，督促社区养老机构对养老服务不断提质增效。第六，民政部门通过养老服务平台汇总养老需求数据和养老服务供给数据并传递给政府，为政府制定、调整养老政策提供依据。

五、精准评估居家养老服务绩效

精准评估居家养老服务绩效是实现居家养老服务精准化的必要手段，也是居家养老服务提质增效的有效途径。由于居家养老服务具有服务供给主体多元性、服务内容多样性、服务方式不确定性等特点，导致评估标准不易具体化，从而给评估带来困难。实践层面和学界都在探索居家养老服务的绩效评估。课题组借鉴学者章晓懿、梅强于 2012 年发表的《社区居家养老服务绩效评估指标体系研究》一文中介绍的较为科学、合理、可行的社区居家养老服务绩效评估方法（章晓懿，梅强，2012），以期对福州市社区居家养老服务评估提供借鉴。

公共服务绩效评估是一项活动实施的结果，既包括实施这种活动所投入的资源与获得的效果的对比关系，也包括投入资源的合理性和结果的有效性(陆庆平,2003)。基于社区居家养老服务的公共服务属性,学者章晓懿、梅强借助威廉·N.邓恩将政府绩效评估的维度分为4E的方法,提出居家养老服务绩效评估是对居家养老服务的整个过程和结果从经济性(economy)、效率性(efficiency)、效果性(effectiveness)和公平性(equity)4个维度展开评价。具体而言:(1)居家养老服务的公平性是指在优先满足弱势老年人的需求后,其他老年人平等享受供给的养老服务。(2)居家养老服务的经济性主要关注在整个过程中投入的成本,在社区居家养老服务中的人力、物力、财力投入中应力求节约。(3)居家养老服务的效率性主要指以最少的投入获得最大的收益,关注投入的服务设施、人力资源等能否发挥最大的效用为老年人提供服务。(4)居家养老服务的效果性指政策、项目实施在多大程度上满足预期目标,其最直接的测评方式就是评估老年人对服务数量、质量、种类的满意度。学者章晓懿、梅强在上述4E维度的基础上,借鉴澳大利亚社区养老服务绩效评估的经验,筛选出体现层次结构特征的9个二级指标、31个三级可量化的具体指标(参见表1),增强了社区居家养老服务的质效评估的可操作性。这种评估方式改变了以往重政府服务设施建设轻服务供给的评估模式,相对科学全面地评估居家养老服务,有利于服务提供者认识到自身的不足并不断改进服务水平、提高服务质量,也有利于服务资源的优化配置,促进老年人最大程度地享受优质的社区居家养老服务。当然,具体实施时可结合福州市具体情况和社区居家服务的发展状况对指标的内容和各项指标的权重进行修正。

表 1　社区居家养老服务绩效评估指标体系

一级指标	二级指标	三级指标
A 公平性	A1 服务供给公平	a11 了解居家养老服务的老人数占区域内老年人口数的比例
		a12 接受居家养老服务评估的老人数占区域内老年人口数的比例
	A2 服务利用公平	a21 接受居家养老服务的老人中低保家庭、低收入家庭的老人分别所占的比例
		a22 接受居家养老服务的老人数占区域内老年人口数的比例
	A3 服务补贴公平	a31 服务对象中获得政府补贴的老人数所占的比例
		a32 补贴对象中中度失能和重度失能老人分别所占的比例
B 经济性	B1 物力投入	b11 助餐点、日托中心与居家养老服务中心(含服务站)用房面积总和与区域内老年人口数之比
	B2 财力投入	b21 市、区、街镇三级财政对助餐点建设投入的资金总额与区域老年人口数之比
		b22 市、区、街镇三级财政对日托中心投入的资金总额与区域老年人口数之比
		b23 市、区、街镇三级财政对居家养老服务中心(含服务站)建设投入的资金总额与区域老年人口数之比
		b24 市、区、街镇三级财政对助餐点、日托中心和居家养老服务中心(含服务站)运营补贴的总额与区域老年人口数之比
		b25 老年人服务补贴总额与获得补贴的老年人口数之比
		b26 居家养老服务人员业务培训投入与服务人员数之比
		b27 各类社会捐助总额与区域老年人口数之比
	B3 人力投入	b31 接受服务的老人数与居家养老管理人员数之比
		b32 接受服务的老人数与居家养老服务人员数之比
		b33 接受服务的老人数与居家养老社工人数之比
		b34 年度志愿者服务总人次与接受居家养老服务的老人数之比

续表

<table>
<tr><th>一级指标</th><th>二级指标</th><th>三级指标</th></tr>
<tr><td rowspan="4">C 效率性</td><td rowspan="4">C1
服务
投入
产出比</td><td>c11 居家养老服务设施月平均服务人次与工作人员总数之比</td></tr>
<tr><td>c12 社区助餐点利用率:月平均供餐数与总面积之比</td></tr>
<tr><td>c13 日托中心利用率:月平均入托老人数与总面积之比</td></tr>
<tr><td>c14 助浴补贴总额与获得冬季助浴的老人数之比</td></tr>
<tr><td rowspan="8">D 效果性</td><td rowspan="6">D1
服务
种类、
数量与
质量</td><td>d11 申请对象评估与审批的平均等待时间</td></tr>
<tr><td>d12 提供的上门服务的种类数</td></tr>
<tr><td>d13 接受上门服务的老人的人均接受服务时间</td></tr>
<tr><td>d14 居家养老服务设施每月平均上门服务的老人数</td></tr>
<tr><td>d15 助餐点每月平均供餐数量</td></tr>
<tr><td>d16 日托中心每月平均服务的老人数</td></tr>
<tr><td rowspan="2">D2
服务
对象评价</td><td>d21 服务满意度评价</td></tr>
<tr><td>d22 年度服务投诉数量</td></tr>
</table>

来源:章晓懿,梅强(2012)

基金项目:福州市哲学社会科学规划项目“福州市社区居家养老服务精准化供给研究(2017FZBIO)”。本调研报告完成于 2020 年 8 月,执笔:王碧英。

结束语

伴随着老龄化和劳动人口的下降，如何在老年生活中发挥老年人自身的作用，世界各国在不断探索互助养老的模式。挖掘老年人力资源，发挥老年人自身作用来满足老年人多样化的服务需求，完善社会养老服务体系，是亟待探索的领域。养老既是事业也是产业，养老服务体系建设是老龄化国家必须面对的重要问题，也成为很多国家战略的一部分。找准当前养老服务体系建设中存在的问题，借鉴先进国家的经验，提出能落地的政策建议，对完善我国的养老服务体系具有重要的理论和实践意义。

本书基于积极老龄化、健康老龄化等理念，从养老服务的基本概念与基础理论着手，重点围绕养老服务需求，养老服务体系建设的发展现状、面临的挑战、存在的问题、国际经验与启示，养老服务体系建设的优化路径进行论述研究，具有一定的理论创新和学术价值，对我国养老服务体系发展具有重要的现实意义。

参考文献

一、图书

[1]埃莉诺·奥斯特罗姆.公共事务的治理之道[M].上海:上海译文出版社,2012.

[2]B.盖伊·彼得斯.政府未来的治理模式[M].北京:中国人民大学出版社,2014.

[3]蔡林海.现代养老服务经营管理[M].上海:上海科技教育出版社,2015.

[4]陈功.社会变迁中养老和孝观念研究[M].北京:中国社会出版社,2009:440-441.

[5]陈雪萍.互助养老服务理论与实践[M].上海:上海交通大学出版社,2017.

[6]陈雪萍.互助养老服务理论与实践[M].上海:上海交通大学出版社,2017.

[7]郭丽君."医养结合"养老服务体系[M].北京:科学出版社,2019.

[8]国家应对人口老龄化战略研究总课题组.国家应对人口老龄化战略研究总报告[M].北京:华龄出版社,2014.

[9]国务院发展研究中心社会部课题组.养老服务体系发展的国际经验与中国实践[M].北京:中国发展出版社,2018.

[10]珍妮特·登哈特,罗伯特·登哈.新公共服务:服务,而不是掌舵[M].北京:中国人民大学出版社,2010.

[11]景天魁,高和荣,毕天云.普遍整合的福利体系[M].北京:中国社会科学出版社,2014.

[12]拉塞尔·M.林登.无缝隙政府:公共部门再造指南[M].北京:中国人民大学出版

社,2014.

[13]穆光宗.银发中国:从全面二孩到成功老龄化[M].北京:中国民主法制出版社,2016.

[14]王莉莉.公办养老机构转制研究[M].北京:社会科学文献出版社,2019.

[15]邬沧萍.社会老年学[M].中国人民大学出版社,1999.

[16]杨翠迎,郑春荣.国际社会保障动态[M].上海:上海人民出版社,2014.

[17]张瑾.我国养老服务体系建设重点问题研究[M].北京:中国经济出版社,2018.

[18]张岩松.社会养老服务体系建设研究[M].沈阳:东北财经大学出版社,2016:31-33.

[19]中国老年学和老年医学办会.养老服务供给侧结构性改革:研究与实践[M].北京:中国社会出版社,2017.

[20]周燕珉,林婧怡.国内外养老服务设施建设发展经验研究[M].北京:华龄出版社,2018.

[21]朱勇.智能养老[M].北京:社会科学文献出版社,2014.

[22]高和荣,杨叔禹,姜杰.社区首诊与健康中国分析报告[R].北京:社会科学文献出版社,2017.

二、学位论文

[1]刘畅.构建完善的社区养老服务体系[D].太原:山西财经大学,2012.

[2]孙碧竹.我国社会养老服务体系发展研究[D].长春:吉林大学,2019.

[3]王玮.积极老龄化视角下我国养老服务体系建设研究[D].长春:吉林大学,2019.

[4]杨雯雯.老龄化背景下社区养老服务需求研究[D].长春:吉林大学,2010.

[5]张洋.我国社会养老服务体系完善研究[D].长春:东北师范大学,2016.

三、期刊

[1]陈红梅,黄石松.应加快完善我国老龄工作法律体系[J].新视野,2016(3):89.

[2]陈坤,李士雪.医养结合养老服务模式可行性、难点及对策研究[J].贵州社会科学,2018(4):65-70.

[3]陈宁.从“生存”到“尊重”:我国居家养老服务理念的嬗变[J].南华大学学报(社会科学版),2018,19(2):58-62.

[4]陈为智.当前社区居家养老服务中的关键问题反思及前瞻[J].西北人口,2016,37(3):100-104.

[5]陈友华.居家养老及其相关的几个问题[J].人口学刊,2012(4):51-59.

[6]程雁,孙志明.供给侧改革视角下基于社区的“医养+康养”新路径思考[J].卫生软科学,2021,35(3):42-45.

[7]丁建定.居家养老服务:认识误区、理性原则及完善对策[J].中国人民大学学报,2013,27(2):20-26.

[8]丁志宏,王莉莉.我国社区居家养老服务均等化研究[J].人口学刊,2011(5):83-88.

[9]杜鹏,董亭月.促进健康老龄化:理念变革与政策创新:对世界卫生组织《关于老龄化与健康的全球报告》的解读[J].老龄科学研究,2015(12):3-10.

[10]高秋萍,韩振燕,曹永.开放大学开展养老服务人才培养的优势、挑战与路径[J].中国成人教育,2021(1):20-24.

[11]辜胜阻,吴华君,曹冬梅.构建科学合理养老服务体系的战略思考与建议[J].人口研究,2017,41(1):3-14.

[12]韩烨,沈彤.中国特色养老服务体系建设的逻辑起点与规划远景:从“积极老龄化”到“积极应对人口老龄化”国家战略[J].学习与探索,2021(3):29-35.

[13]韩振秋.浅析农村养老新模式:“互助养老”的特点[J].理论导刊,2013(11):80-82.

[14]胡光景.地方政府购买社区居家养老服务监督机制探析[J].河北科技师范学院学报(社会科学版),2012,11(2):118-122.

[15]黄健元,杨琪,王欢.我国养老服务体系发展:从医养结合到整合照护[J].中州学刊,2020(11):86-91.

[16]黄俊辉,李放,赵光.需求评估:构建社会养老服务体系的关键环节[J].老龄科学研究,2014(8):52-58.

[17]黄匡时.中国老年人日常生活照料需求研究[J].人口与社会,2014(4):10-17.

[18]黄少宽.我国城市社区养老服务模式创新研究综述[J].城市观察,2018(4):101-113.

[19]蒋岳祥,斯雯.老年人对社会照顾方式偏好的影响因素分析:以浙江省为例[J].人口与经济,2006(3):8-12.

[20]景思霞,陈菲.基于健康管理理念的家庭医生式养老服务模式介绍[J].中国全科医学,2013,16(32):3093-3095.

[21]景天魁.创建和发展社区综合养老服务体系[J].苏州大学学报(哲学社会科学版),2015,36(1):29-33.

[22]雷建.浅析德国养老保险制度[J].企业技术开发,2015,34(3):147-148.

[23]李薇,丁建定.中国居家养老服务的发展状况研究[J].当代中国史研究.2014(1):92.

[24]李伟.农村社会养老服务需求现状及对策的实证研究[J].社会保障研究,2012(2):29-35.

[25]李长远,张举国.我国医养结合养老服务的典型模式及优化策略[J].求实,2017(7):68-79.

[26]林宝.党的十八大以来我国养老服务政策新进展[J].中共中央党校(国家行政学院)学报,2021,25(1):91-99.

[27]林宝.康养结合:养老服务体系建设新阶段[J].华中科技大学学报(社会科学版),2021,35(5):9-18.

[28]林宝.养老服务业“低水平均衡陷阱”与政策支持[J].新疆师范大学学报(哲学社会科学版),2017,38(1).

[29]刘然.社区居家养老服务站虚置化现象研究:以武汉市为例[J].理论观察,2015(5):101-102.

[30]刘晓梅.我国社会养老服务面临的形势及路径选择[J].人口研究,2012,36(5):104-112.

[31]柳仕奇.论我国社会养老服务体系的选择路径[J].普洱学院学报,2014,30(1):14-17.

[32]陆杰华,张莉.中国老年人的照料需求模式及其影响因素研究:基于中国老年社会

追踪调查数据的验证[J].人口学刊,2018(40):22-33.

[33]陆庆平.公共财政支出的绩效管理[J].财政研究,2003(4):18-20.

[34]吕鹏飞,陈晓玲,周宏东,等.上海市医养结合养老模式卫生监督困境及对策[J].医学与社会,2016,29(2):71-73.

[35]马丽丽,陈娜,汤少梁.医养结合养老机构养老服务发展政策研究[J].医学与社会,2016,29(4):40-43.

[36]马晓黎,王济萍.完善城乡社会养老保障监管的若干建议[J].国家行政学院学报,2016(2):82-85.

[37]穆光宗,姚远.探索中国特色的综合解决老龄问题的未来之路:“全国家庭养老与社会化养老服务研讨会”纪要[J].人口与经济,1999(2):58-64,17.

[38]聂建亮,曹梦迪,吴玉锋.深入推进医养结合的障碍与发展策略[J].卫生经济研究,2021,38(7):24-27.

[39]潘屹.社区综合养老服务体系建设:挑战、问题与对策[J].探索,2015(4):2,70-80.

[40]蒲新微.分层保障:探索有中国特色养老保障模式的新思路[J].学习与探索,2009,(4):47-48.

[41]钱学明.社会化养老服务关键在于一体化[J].小康,2018(10):79.

[42]青连斌,刘天昊.夯实居家养老在养老服务体系中的基础地位[J].理论视野,2021(3):56-59.

[43]青连斌.社区养老服务的独特价值、主要方式及发展对策[J].中州学刊,2016(5):77-83.

[44]任洁.机构养老服务效率研究:以厦门市为例[J].人口与经济,2016(2):58-68.

[45]任勤,何泱泱.社会养老服务供给主体间的职能与合作[J].四川大学学报(哲学社会科学版),2016(3):116-121.

[46]邵德兴.医养护一体化健康养老模式探析:以上海市佘山镇为例[J].浙江社会科学,2014(6):87-92.

[47]宋宝安,杨铁光.观念与需求:社会养老制度设计的重要依据:东北老工业基地养老方式与需求意愿的调查与分析[J].吉林大学社会科学学报,2003(3):72-78.

[48]宋晨晓,徐爱军,王丹丹.老年人口卫生服务利用现状及影响因素分析[J].现代预

防医学,2018(45):2778-2783.

[49]宋言奇.资源整合视阈下的社区养老服务发展:基于苏州的实地调查[J].南阳师范学院学报,2011,10(4):13-15.

[50]睢党臣,彭庆超."互联网+居家养老":智慧居家养老服务模式[J].新疆师范大学学报(哲学社会科学版),2016,37(5):128-135.

[51]汪沂.社会养老服务机构的法律规制[J].南京人口管理干部学院学报,2013,29(4):48-53.

[52]王桂云.多元化社会养老服务体系建设对策研究[J].中国人口·资源与环境,2015,25(12):166-170.

[53]王洪娜.医养结合养老机构服务效率及其影响因素:基于山东省226家医养结合养老机构数据分析[J].重庆社会科学,2020(5):129-140.

[54]王莉莉.老龄服务中的供需平衡[J].中国社会保障,2019(7):2.

[55]王婷,李珏玮,张英.公办养老院存在的必要性[J].中国老年学杂志,2007(12):1223-1224.

[56]王霞,冯泽永,李秀明,等.医疗服务融入居家养老服务模式中的探讨[J].医学与哲学(A),2015,36(2):56-58,61.

[57]王晓峰,刘帆,马云博.城市社区养老服务需求及影响分析:以长春市的调查为例[J].人口学刊,2012(6):34-39.

[58]王震.居家社区养老服务供给的政策分析及治理模式重构[J].探索,2018(6):116-126.

[59]魏文斌,李永根,高伟江.社会养老服务体系的模式构建及其实现路径[J].苏州大学学报(哲学社会科学版),2013,34(2):48-52.

[60]文丰安.农村互助养老:历史演变、实践困境和发展路径[J].西北农林科技大学学报(社会科学版),2021,21(1):105-113.

[61]吴玉韶,王莉莉,孔伟,等.中国养老机构发展研究[J].老龄科学研究,2015(8):13-24.

[62]夏艳玲.老年社会福利制度:补缺模式与机制模式的比较:以美国和瑞典为例[J].财经科学,2015(1):119-128.

[63]肖金明.构建完善的中国特色老年法制体系[J].法学论坛,2013,28(3):27-35.

[64]杨庆芳.居家养老服务需求研究:现状、问题和展望[J].兰州学刊,2020,(6):188-199.

[65]姚兆余,王诗露.农村老人对机构养老的意愿及影响因素分析:基于东部地区749位农村老人的调查[J].湖南农业大学学报(社会科学版),2012,13(6):39-44.

[66]原新,金牛.中国医养结合模式治理的基点、焦点和要点[J].河海大学学报(哲学社会科学版),2021,23(2):71-78,107-108.

[67]张博."互联网+"视域下智慧社区养老服务模式[J].当代经济管理,2019,41(6):45-50.

[68]张红凤,张栋,卜范富.养老服务机构服务质量影响因素及其地区差异:基于山东省十七地市的实证分析[J].经济与管理评论,2018,34(2):16-25.

[69]张天宇.美国老年居住建筑设计发展趋势综述[J].华中建筑,2012,30(4):70-73.

[70]张文娟,魏蒙.城市老年人的机构养老意愿及影响因素研究:以北京市西城区为例[J].人口与经济,2014(6):22-34.

[71]章晓懿,梅强.社区居家养老服务绩效评估指标体系研究[J].统计与决策,2012(24):73-75.

[72]中华人民共和国民政部.中国民政统计年鉴(2017)[J].中国统计,2017.

[73]朱晓卓.宁波模式:社区居家养老服务的发展路径研究[J].老龄科学研究,2016(6):37-44.

四、报刊

[1]贺雪峰.农村互助养老值得重视[N].中国社区报,2020-05-22(01).

[2]李白蕾.福州智慧健康养老服务平台年底建成[N].福州日报,2020-05-29(004).

[3]邬沧萍.重新诠释"积极老龄化"的科学内涵[N].中国社会科学报,2017-11-01(006).

[4]肖俊.养老服务政策的两个基本理念[N].深圳特区报,2017-09-12(B10).

致　谢

光阴荏苒，伏案修改书稿之暇，回首自己七年来在养老服务研究领域中蹒跚学步，百感交集，其中最多的就是感恩和感激。

感谢中国人民大学的杜鹏教授，七年前有幸聆听他的一次讲座，从而激发了我对养老服务的研究兴趣。杜教授高瞻远瞩的学术视野和博学严谨的学者风范深深影响着我。

感谢我的访学导师陈功教授，2019 年 9 月至 2020 年 6 月我赴北京大学人口研究所访学，陈老师在百忙之中给予我谆谆教导和辛勤培养。尤其是在陈老师的指导下，我参与了陈老师主持的国家社科基金重大项目——中国特色养老服务体系建设研究的申报论证，为我研究养老服务体系建设打下坚实的基础。陈老师博学严谨的学者风范、敏锐的学术洞察力、忘我的工作热情、务实的治学态度、周全热情的为人处事风格时刻感染着我，使我终身受益。

感谢我的访学导师高和荣教授，2019 年 9 月至 2020 年 2 月我赴厦门大学公共事务学院访学，高老师忙里偷闲对我悉心教导。有幸聆听高老师讲授的社会保障学前沿课和学术论文写作课等多门课程，受益匪浅。高老师睿智博学的学者风范、广博的学术研究涉猎领域、不懈探索的开拓精神、幽默风趣的人格魅力给我留下了非常深刻的印象，激励我砥砺前行。

感谢福建江夏学院公共事务学院院长缪匡华教授，在缪院长的鼓励和大力支持下，我才鼓起撰写专著的勇气。感谢福建江夏学院各级领导和同事们对我的支持和帮助，让我能有机会外出学习和提升自我。

感谢厦门大学出版社潘瑛编辑和其他工作人员，在她们的大力支持和细心编校下，本书才将得以顺利出版。

最后，感谢所有关心和支持我的人，祝你们一生安康幸福！